相手の力を技にする！

筋力を超えた武術革命

〝合気投げ〟全伝

大東流合気武道　春風会会長

石橋義久

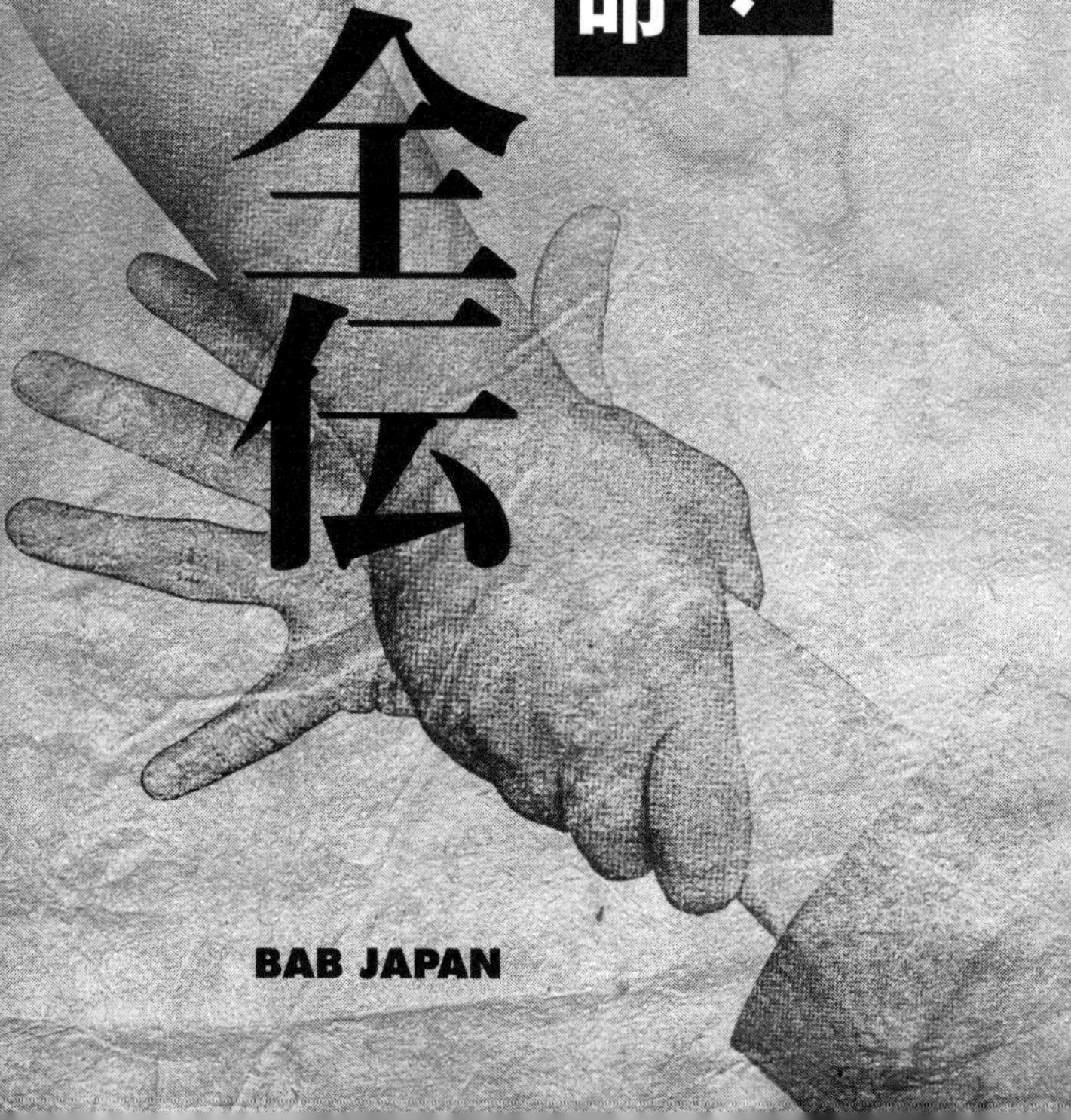

BAB JAPAN

合気投げ

自ら掴まず、
掴まれたところを利する、
大東流の極意。

目次

第1章　合気投げとは――7

第2章　合気投げ修得のための心得――23

第1章

合気投げとは

1 合気柔術と合気投げは2本の柱

大東流合気武道の本来の姿は剣の他に槍・棒・杖等各種武器を使用するものと徒手の体術に大別され、いわゆる武芸十八般を含む総合武術です。

武田惣角師（以下「惣角師」と称する）は剣術と柔術を主として明治・大正・昭和の時代に修業と普及、指導をもって生涯を過ごしました。その後継者である、ご子息武田時宗師（以下「時宗師」と称する）は、昭和27年に北海道網走市にて大東流の活動を再開しましたが、やはり指導は一刀流剣術と体術に重点が置かれました。

またその体術は、基本型と裏技・応用技による合気柔術と、合気投げの二本柱で形成されています。

合気柔術の基本型百十八本については、惣角師から長期間指導を受けた方々には伝授された目録等で、技の手順、概略が記されていますが、「合気投げ」についてては文書等で公に残されたものがありません。

合気投げの技もそれぞれが伝授され、残っているようですが、技数も少なく体系的に整理されていないように思います。

当流の大東流は、時宗師から伝えられたものです。当流の合気投げは、全国に存在する大東流各団体で行われている合気投げのように、少数で定型なものではなく非常に多数の技が残されています。

今回紹介する合気投げは筆者が時宗師から直接指導を受けた技と、時宗師のメモに残された多数の技を整理したものです。

立合法、座法、半座半立法、後捕、己が仰臥した場合の技法等と、多数ありますが名称がなく正確な数が分かりません。実際、形としての技は無数に存在すると言っていいでしょう。よって、本書には形としての技のすべてを掲載している訳ではありません。それでも「全伝」と銘打たせていただいたのは、惣角師から時宗師、そして筆者へと伝えられた〝合気投げ〟の本質のすべてを本書に込めたという趣旨による事です。

また本書を刊行するにあたり、著名な武道家の方々の技も紹介出来ればと思い、確認選定させていただきました。

その選定基準は「実戦に使えるか、否か」として、実戦にこだわりました。

合気投げには華麗で見栄えの良い技も多数存在します。しかしその多くは「受」の協力がないと成立しないような形です。また動きに無理があり相手の手が外れてしまうような技、手数が多く時間のかかる技等は排除しました。

古武道（術）は明治維新をもって戦闘技術としての役割を終えました。それから現在までは文化遺産として維持保存する、あるいは人間形成と体育的観点から活動が進められて現在に至りました。

古武術の中で徒手の体術については、その必要性から自衛隊、警察、警備業務等では使用を目的として活動していますが、一般の活動は古武道技術の保存継承と体育、スポーツの一環として行われているものです。

平和な我が国で合気柔術等は、武道を唱えながら実戦から離れ、見栄えと格好の良さを追いかけ、形骸化が進んでいるように思います。

名人が演ずる武道の技は芸術のレベルにまで昇華され、日本の誇る重要な文化遺産として残されるべきものと思いますが、見栄をきるような所作はやり過ぎではないかと思っています。

当流の基本は剣術にあり、その理念をそのまま取り入れた体術です。〝徒手の剣術〟と言うこともできます。

徒手の武術である柔術は、相撲や鎧組討の技術を基本にしたものがほとんどですが、当流の体術は基本が剣術にあり、武士が帯刀、あるいは剣を所持しない場合の武術で、その奥義を極めるためには剣の修業が欠かせません。

本来、合気投げは極意技であり、当流の合気柔術基本型百十八本を修得した者に伝授される、非常に高度な技ですが、柔術とは異なり、投げる技がすべてであり、目的が多人数を相手にした護身技で身を護るためのものです。

投げの性質は相手を叩きつけるような技よりも、あまり相手にダメージを与えない技が多数あります。そのため初心者でも容易に使える技があるため、入門時から指導することになっています。

2 合気投げの保存

古武道（術）は本来名称と型が残されているものです。またそれゆえに現在私達が触れ、学ぶことができるわけです。しかし合気投げは当流の先達が基本型を繰り返す歳月の中で、徐々に産まれて来たもので、個人の技術として体得したものが温存継承され、決められた型として残っていません。

時代が移り現在古武道を学ぶ方は、徐々に減少しているように思います。そのため映像と文章で詳細に記録しておかないと、いずれ消滅してしまう惧れがあり、危機感をもって本書の刊行に踏み切りました。

また併せて当流の貴重な技術も公開しました。

相手が掴んでくる状態を22区分。掴まずに接触（攻撃）してくる正面打、横面打、拳による中段突きで3区分、その他2区分に整理しました。また最後に少数ですが、相手を掴む合気投げと、相手に接触しないで倒す技を紹介しました。

3 合気投げとは

合気投げは相手の動きと呼吸を読んで、最適のタイミングで素早く相手を投げる、まさに「やわら」そのものであり、剣の理合とも合致した技です。

間合いを考え、相手の呼吸を読み素早く動いて相手を投げる、難しい技ですが、合気投げは多数あり、投げるというよりも相手を倒す。あるいは転がすような技も多く存在しています、そのため初心者が怪我の心配なく学べると言う利点があります。

また相手を叩きつけるような技が少なく、相手をあまり傷つけることがないため護身に最適であり、時宗師の唱える「愛と和」の精神を具体化した技法でもあります。

また多人数を相手にする場合にも適した技であり、早いことが絶対条件です。

早いとは単に動きが速いだけでなく、投げるまでの動作が少ないことを意味します。そのため、合気投げの99％は相手に掴ませて行います。また〝掴ませる〟事によって、〝相手を掴む〟動作が省略されて、フィニッシュが速くなってきます。

時宗師が常に唱えていた「早いが技」には動作の速さとともに、決め技に入るまでの動作を少なくすることが含まれています。

(1) 投げ技の一大革命……〝掴ませて投げる〟

徒手の闘いは主として腕を使い、投げる、打突、押さえる、締める、折る等によって行われています。原始の時代から徒手による人と人の闘いは、打突と投げ技が主役でした。

投げ技については、時代を問わず、全世界の地域に関係なく、まず相手を掴む、あるいは相手の衣服を掴む事を前提にして行われるものです。

なお中国拳法に、相手を掴まないで投げる技が存在しますが、大半が腕で相手を払う、押す、足払い、体当たり等で相手を倒す技で、当流のようにもっぱら相手に掴まれ、掴ませて投げる技とは根本的に異なるものです。

大東流はある時期に、〝掴ませて投げる〟技術を開発しました。その技が多数体系的に存在する事は、世界的な技術革命であったと思います。

この技は明治時代に惣角師をもって我が国の武道界に公開されました。

投げ技の代表的なものとしては我が国の相撲、柔道そしてレスリングがありますがいずれも相手を掴むことが前提になっています。

(2) 極意技

合気投げは極意技である。これは書が真行草と段階を追って学ぶように、本来はまず楷書である合気柔術百十八本を充分に修得した後に学ぶ、より高度な技術です。

合気投げは草書に相当する技ですから、一見柔らかく、円く、速い技となります。

(3) 職人技

職人技は各種職業はじめとして芸術、武術、スポーツなどあらゆる世界に存在しているもので、1年365日来る日も来る日もたゆむことなく繰り返し、更に何十年も継続し続けることによって修得されたものです。

頭で理解するものではなく、繰り返し千錬万鍛して貴方が自ら理解するものです。

一見易しいようで難しい奥の深い技で闘いの達人、プロの技です。

(4) 合気柔術から産まれた技

基本型は掛け算の九九のようなものです。掛け算の九九と同じように。「百十八カ条」の技を完全に修得すると、技の無限な拡がりが可能になってきます。

その結果「合気投げ」と称する技が自然に生まれて来た訳です。当流における過去何代も続いてきた先達の修業の結晶が、「合気投げ」であり、ここに原点があります。

惣角師に師事した達人の方が仮に10人居たとすれば、現在大東流系の技が硬軟合わせ、多彩な拡がりを見せているのは当然の事だと思います。

4 〝掴ませる〟という事の利

(1) 〝掴む〟事の意味

相手がこちらを掴んでくる事は、先んじてこちらを制する技を使う目的を持ちます。しかし一方で、こちらを掴んだ己の手は他に使えなくなります。つまり自由度を大きく失するのです。

特にこちらを両手で掴むと、こちらの動きに即座に反応できず、打突に対しては無防備な状態になります。

　また、即座にこちらの動きに対応して、他の箇所を掴めなくなります。

　そして、こちらを掴んだ箇所に意識が集中して、他に隙ができます。

　さて、先手を取ったつもりの相手と、こちらとではどちらが有利でしょう？

(2) 相手に掴ませて投げる

　相手に手を掴まれるという事は、剣であれば手を斬られたことを意味します。従って「掴まれる」ではなく、「掴ませる」でなければなりません。

「掴ませる」とは「己に有利な状態で掴まれる」ことを言います。そのためには素早く手足と身体、あるいはそのいずれかを動かす事が必要であり、柔術との違いは相手を掴まないことです。

　合気投げとは、相手に己の身体の一部を掴まれた時、または衣服等を掴まれた時、己に有利な状態で掴ませ、その手を外さずにそのまま誘導、操作して投げることです。

　相手が己の手を掴んで引く、あるいは押してくる動きは、力の加減やその方向が微妙に上下左右で異なるため、一瞬の判断で技を掛けなければなりません。そのためには相手の動きに合わせついてゆき、自ずからの動きを加速させる事です。

　相手の動きの違いで技は常に変化していかなければなりません。

　前項であげた事項が己のメリットとなり、そのメリットを活かせれば、相手に掴ませる事によって自由自在に技が使えます。

　合気投げは、相手に掴まれた瞬間に投げるのがベストであり、掴まれた瞬間には必ず崩していなければなりません。そのためには素早く手足、身体が動かせないと投げることができないのです。

5 〝やわら〟の心「相手の動きに合わせる」

「押さば引け、引けば押せ」が〝やわら〟です。すなわち、常に相手の動きに合わせ技をかける、という事です。

これと正反対の方法論が、相手の力に力で対抗する、という事です。相手に手を掴まれて引っ張り込まれようとしたら、引っ張り込まれまいと力んで抵抗する、というような事です。誰でも無意識にやる事ではないでしょうか？　でも、力負けするような相手には通用しません。

〝相手の動きに合わせ技をかける〟という原理によって、必ずしも相手を上回る筋力は必要なくなります。これは、相手がどんなに筋力の強い者でも、それに対して勝ち得る、という事を意味します。

◉例1

相手が右手で己の左手を掴み引かれたら、そのまま体当たりするよう勢いでついてゆき、右手刀で相手の後腰を刈って倒す。基本型「裏落」の応用。

◉例2

相手が右手で己の左手を掴み押してきたら、掴まれた左手を左後方へ引きながら、右足を軸にして、左足を後方へ円くコンパスを引くように引いて（180度体変更）相手を投げる。

6 相手に掴まれても投げる

「相手に掴ませる」とは言っても、思い通りに行かない場合が必ずあります。

慌てることはありません。その状態を利用して、即座に腕あるいは身体を動かし、崩せばよいのです。または、「合気上げ」、「合気下げ」、当身等を駆使して崩し、相手を〝掴ませた〟状態に持っていきます。

相手を崩すとは身体を崩す、心を崩す、呼吸を崩すことを言い、具体的な崩しの手法・技術について

合気投げの原理

相手の動きに合わせる

相手が右手で己の左手を掴み、引かれたら、そのまま体当たりするようについていき、右手刀で相手の後腰を刈って倒す。

例1　相手が引いてくる

例2　相手が押してくる

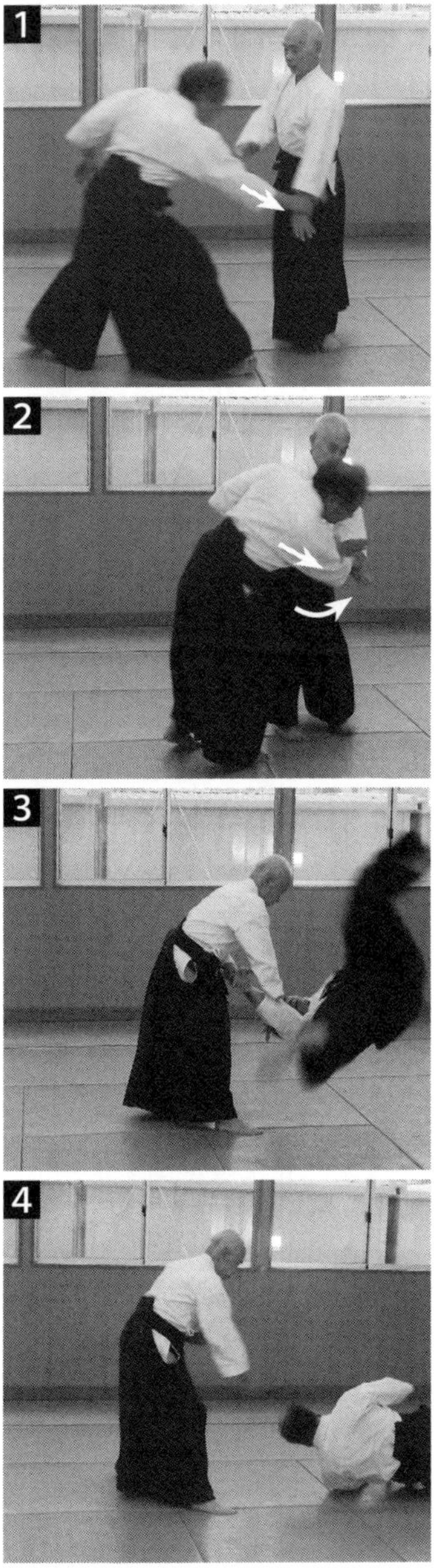

相手が右手で己の左手を掴み押してきたら、掴まれた左手を左後方へ引きながら、右足を軸にして、左足を円くコンパスを引くように引いて相手を投げる。

は前著「武田惣角伝・大東流合気武道百十八カ条」にて詳細に述べております。

7 両手首を掴まれたら絶好のチャンス

相手に両手首を掴まれたら、まず感じてしまうのが「両手が使えなくなった！」という焦りかもしれません。でも、焦る必要はありません。

相手に両手を掴まれても、手首関節から先の指掌部は自由に動かすことが可能です。従って両手を掴まれることは、当流にあっては最高のメリットなのです。そのため、仮にこちらが相手の両手を掴んだ場合には、素早く次の行動を起こさなければなりません。

徒手の闘いはすべて相手を先に掴み操作する、あるいは技を掛けることに意を注いでいますが、掴ませることがいかに優利なことか、認識するべきなのです。

当流では入門時に「抜き手」（手解き：掴んできた手をはずす）の方法を教えていますが、特別な例を除き「抜き手」は行いません。掴んできた手は、そのまま利用するのです。

8 起死回生策〝手を離す〟

闘いの最中に素早く相手から、手を離してしまう事は重要な技術です。

本書を手に取っている方には、当流あるいは合気道修業中の方が多数いると思いますが、稽古中技が思うように技が利かないことがあるでしょう。そのような時、手を離してしまえば他の技を掛けるチャンスがあるはずです。

手を離すことは武術の大事な心得であり、実戦とはそのようなものです。

実戦にルールはありません。

同時に、相手に掴まれている状態でも、離されてしまう可能性を考えていなければなりません。掴んでいる相手の手を利用しようとしても、離されてしまっては技はかかりません。よって、掴ませた手は、離させない技術が必要です。まず一つには、力による抵抗をしない事です。相手がこちらの抵抗力を感じ、思うように動かせない事を感じさせてしまったら、相手はその手を離します。

逆に、抵抗力を感じさせずに、相手に「思い通りに掴めている。」「思い通りに動かせている。」と感じさせる事ができれば、相手はそのまま掴み続けようとしてくれます。

〝掴ませる〟には、こういう技術も必要なのです。

9 なぜ掴ませるのか?

掴んできた相手の腕は、利用するのが得策です。掴まれた相手の腕を操作すれば、自由自在に相手を動かすことができるのですから。

次のような事を試してみて下さい。己と同等の体力、腕力があると思われる相手に対する実験です。

◉実験1

まず、相手の右手首を左手で掴みます。相手には踏ん張ってもらいます。

その状態から、右上方へ振り上げます。おそらく動かす事はできないでしょう。

◉実験2

次に、自分の左手首を相手の右手で掴んでもらいます。

その状態から、左手首を右回りに捻りながら右上方へ振り上げます。

今度は相手の腕を振り上げる事ができ、かつ相手の体を体幹から動かす事ができたと思います。

掴んで相手を動かそうとする事と、掴まれたその腕を利用して相手を動かす事とは、これほど違いがあります。

この結果は僅かな違いではなく、掴ませた腕を操作誘導する事の大きな効果（差異）を体感できるでしょう。

合気投げの原理

“掴む”と“掴ませる”の違い

相手の手首を掴んで、力ずくでその手を振り上げようとしても上がらないが（写真右列）、相手に手首を掴ませた状態から、左足を踏み出しながら振り上げると、相手を体幹から動かす事ができる。

相手を“掴む”

相手に“掴ませる”

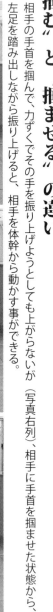

これが技術革命です。

10 合気投げの特長

(1) 相手に掴ませて投げる。

形の上では相手に先手を取らせ掴まれる、という事になります。剣の闘いであれば相手に先手を取られるとは、己が切られて命を失う、あるいは戦闘能力を失うことを意味します。この事を真剣に考えなければなりません。

従って〝掴まれる〟のではなく、〝掴ませる〟事が重要です。

〝掴ませる〟とは見た目、形は掴まれていても、この時点で主導権を持つことです。

掴ませた瞬間に相手を制する事が理想ですが、まずは掴まれたその瞬間に崩している、これは一種の〝合気〟をかけた事です。既に述べたように合気投げは掴ませて投げる代表的な技です。

相手を制するとは、相手の戦闘能力を失わせた種々の状況を言い、崩すとは相手の重心を崩す、力を抜く、集中力、闘争心を殺ぐ等により、決め技を確実にするための前段の手段です。

なお、掴ませる箇所は手首とは限らず、肩・肘・足・帯・袖襟等、身体のあらゆる箇所が対象になります。

◉掴ませる方法

① ゆっくり相対する相手との間合いを詰めていく。

② 腕を伸ばしてユックリと、相手の腕あるいは衣服を掴みにいく動作をする。

③ 相手に先手を取らせるようにスキを作る。

④ ゆっくりと突いていく。

(2) 〝早いが技〟

時宗師が唱える「早いが技」にふさわしい技であり、合気投げは柔術以上に早さが要求されます。

〝早く〟というのは、攻防を速く、決め技を早く、という事です。

速い投げ技は相手に防御のスキを与えません。また速い動きは相手に攻撃のチャンスを与えません。
ア、接触した瞬間に投げる。
イ、接触した瞬間に崩す
ウ、たとえ崩せなくても己に有利な状態で接触して、素早く投げられる体勢を作る。
これが絶対条件です。

合気投げの場合は、技が決まるまでの手数が少ないことが特に重要です。相手に接触した瞬間に投げることがベスト、三動作が限度。

動きが遅いとスキが出来、相手に反撃のチャンスを与えてしまいます。また、相手が多人数の場合にはまったく余裕がありません。

相手を投げる場合の通常の動作は、細かい動きを省略すると次の3動作になります。
ア、相手を掴む。
イ、相手を引き付けるあるいは押す、または動く。
相手を引き付けながら、自ら相手に近づき接触する。
ウ、相手を投げる。
通常の技はこの3つのプロセスを経ます。これに対して合気投げはイ、あるいはウから始めるため、技のフィニッシュまでが速くなります。

相手の動きを素早く利用、対処する体捌き、足捌きで相手を投げ、特に対多敵の場合に効果があります。

(3) 多人数前提

一人を相手に時間をかけないことが、多人数相手の絶対条件です。一人を相手に時間をかけてしまっては、他の相手にやられてしまいます。

剣の技術は対多敵を想定しており、大東流の体術も同様です。だからこそ、素早く投げる事が重要であり、速く動くから相手を投げる事ができるとも言えます。

一人を相手に時間をかけない、という事は、大東流の本質が護身にある事も示しています。すなわち、闘いが身を護るためであれば、相手をあまり深く傷つける必要がないのです。

素早くその場から逃げる隙を作る事ができればよいのです。合気投げは、そういう用途に適した技です。特に相手が多人数の場合、大きな効果を発揮します。

第2章

合気投げ修得のための心得

本章は合気投げをマスターするための重要な技術や心得です。

① 相手を崩す

相手を崩さずして技をかけてはいけない。これは鉄則です。

この場合の崩しは重心を崩す。力を抜く、力を入れさせない等で、己が技を掛け易い状況をつくることです。

(1) 掴まれる瞬間、手足、身体を僅かにさりげなく、上下左右へ動かす。

この場合大きく動いたり、早過ぎるタイミングでは相手がついてきません。相手がついてこない動かし方では崩す事ができません。

例えば右手で相手の左手首を掴もうとすると、人間の脳は一瞬の内に働き、相手を掴んだ右手指先に最大限に力を入れる準備と、足腰が安定する位置を定めて移動する準備を完了します。

そのため目標点が僅かに移動すると、相手は最初の予定通り動いてしまうので、目標が動いてしまうだけで崩れてしまうものです。また相手を掴むことが出来ても、身体が崩れ、力が入りません。

(2) 右(左)手を僅かに右(左)捻りして手首裏を掴ませる。

握力の強い者にガッチリと手首を掴まれると動かせなくなるため、「カイナ返し」の準備をする。

相手が掴んだら「カイナ返し」で崩す。あるいは「カイナ返し」で投げる。

(3)「合気上げ」、「合気下げ」、当身等を駆使して崩す。

以上の動きは「合気」の一法です。

●合気を掛ける

当流を含め大東流の各グループで諸氏が使っている「合気」とは、前記のような崩しを行っているも

相手を崩す法（1）

掴まれる瞬間、手足、身体を僅かにさりげなく動かす

相手がこちらの手を掴みにきて、まさにその掴む瞬間にわずかにその手を動かす事によって、〝着地点〟をずらされた相手の体は崩れが生じる。掴まれる部位が手でなくても、また、ずらす向きはあらゆる方向にこの崩しが成立する。

僅かに引いて崩す

横へずらして崩す

相手を崩す法（2）

掴まれる瞬間、手を僅かに捻って手首裏を掴ませる

相手がこちらの手首を掴む瞬間、手を捻る事によって手首裏を掴ませれば、そのまま「カイナ返し」（腕全体を回転させる事による崩し技法）の準備態勢となり、次の瞬間に腕を返すだけで崩す事ができる。

相手を崩す法（3）

合気上げ、合気下げ、当身等を駆使して崩す

合気上げ、合気下げはそれ自体が直接的な崩しになっている。また、当身は相手身体にダメージを与えるほどでなくとも、崩しとしての機能は十分に果たす。いずれも、掴まれてからの変化で間に合っている崩しとなる。

合気下げ

合気上げ

のです。

　以上は当流の先達や諸先輩の使っていた合気の一法ですが、他にもそれぞれ秘伝の技があるようです。
ア、超人的なパワーを身に着け決め技に使う
イ、相手の動きを事前に察知する。
ウ、相手の呼吸を読む。

2 相手の腕を無力化する

　剣を思い切り振ると遠心力が効いて、切先のパワーが最大限になります。しかし一旦停まってしまうと、切先は上下左右への動きや、その位置に固定してとどめる力が最も弱くなってしまうものです。

　腕の場合も同様です。腕を肩から一直線に真っ直ぐに伸ばされてしまうと、まったく力が入りません。指先は上下左右からの力にまったく無力になってしまいます。

　相手に掴まれても、その腕を無力化してしまえば怖くありません。

　相手に手を掴ませたら即無力化させます。

　腕力というものはどれだけ強くても、真っ直ぐに前方へ伸ばされるとまったく力が入らなくなります。相手の腕を伸ばしてしまえば、たとえ自分より腕力が上の相手でも、その腕を自由に動かすことが可能です。ひいては崩しをかける事ができます。

　相手の腕を伸ばさせるにはいくつか方法がありますが、掴ませた状態で体ごと遠い間合いに移動してしまうのが一番簡単な方法です。この他にも、掴まれたまま体を円転させるなどが、有効な方法です。
＊掴んできた相手の腕を操作誘導することが、投げる前の重要な動きになってきます。

3 相手の呼吸を読む

　当然の事ながら、攻防は呼吸とともにには行われるため、〝呼吸〟は非常に重要なものであり、その性質を充分に理解して、相手の動きを察知して対応するとともに、己は素早く適正に動ける心身を養成し

相手の腕を無力化する法

腕を伸ばさせる

相手が掴んできたら、軽く腕を引きつつ、下がって間合いを遠くする。この操作によって相手の腕は伸びきって無力化し、力でこちらをコントロールしたり、こちらの操作に抗ったりする事ができなくなる。

1

2

3

なければなりません。
呼吸とは一瞬であり、闘いは合機により相手を制することが可能になります。

① 身体の動き

呼吸と身体の自然な動きは次のようになります。

ア、前に進む時……息を吐く。

イ、下がる時　……息を吸う。

② 腕の動き

ア、前後左右への動き

己の身体の真ん中（前後左右の中心）から、前後左右へ

現在の位置から

外へ出す時……吐く

内に引く時……吸う

前後左右共、身体に近づく時……吸う

イ、上下の動き

肩の辺りを基点として、上下共手掌が離れる時……吐く

上下共基点へ手掌が戻る時……吸う

4 素早い体捌き、足捌き

前記の呼吸の性質を活用するためには、柔術よりも速い動きが要請され、タイミング（合機）が重要になってきます。

最高の技とは単純、簡単で速い技のことであり、合気投げにはこの言葉に当てはまる技が多数あります。

次の動きを相手に離れた状態から、あるいは接触した状態で行います。

① 前後左右へ。

② 体変更90度、180度、360度。

踵を上げず軸にして素早く重心を崩さずに。

踵を上げて動くことは、重心が浮くため当流では厳禁です。

③ 前記の動きに併せて相手、あるいは己の腕を潜る。

具体的な訓練法は後の項で紹介します。

5 合気上げ

(1)「合気上げ」とは

最近「合気上げ」が巧妙な技として公開され、パフォーマンスが行われているようですが、不思議な技でも見世物でもありません。相手を制するための重要な崩しの技術です。

一般的に知られ行われている「合気上げ」は、双方が対面した状態で一方が相手の両手手首を掴んで押さえ込み、それを上げることを指しているように思います。

これは己を掴んできた相手の両手を上げて、体勢、重心を崩し、力を抜いて技をかけるための手段ですが、技そのものとしての実用性はありません。

大東流の基本型、百十八本の中で技として使われているのは、半座半立技がわずか一本だけです。

「合気上げ」は己が掴まれた箇所に気(意識)を集中して、息を吐きながら相手の腕を上げることでです。

その代表的な「合気上げ」が、前面から両手首を掴んできた場合の「合気上げ」です。

「合気上げ」には正面からの両手取以外に多数の種類があり、特に片手「合気上げ」に実用性があります。

また他人数取には、相手が両手で己の片手を掴んでくるのを捌く、諸手取法の「合気上げ」が必修になってきます。

(2)「合気上げ」は技ではない

「合気上げ」は腕力とは異なる、呼吸力あるいは気のパワーを養成するための手段であり、訓練法です。ですから相手に充分力を入れて掴ませ、繰り返し両手を上げることを繰り返します。

これは相手の両手を上げることで、相手の力を抜き、体勢、重心を崩して技をかけるための手段です。

しかしあまり実用性はありません。そのため相手に思い切り力を入れて掴ませ、行っている訳です。

しかし敵意のある相手から実際に掴まれそうになったら、相手が力を入れる前に崩すことが重要です。また、掴まれてしまったら無理に上げず、引き落とせば良いでしょう。それが柔術です。あるいは蹴りでも入れてから上げれば良いものです。

仮にあなたが突然誰かに両手を掴まれた時、「合気上げ」で相手の手を上げたら、次にどうするのでしょうか。すぐには考えつかないでしょう。一度下ろさないと次の技に繋がらないものです。

また、いきなり相手の両手を掴んでくるのは、素人のやることです。先手をとって相手の両手を掴んだつもりでも、それから何をしたら良いのか。そのままではほとんど何もできません。

相手の両手を掴むという行為は、一見先手を取ったように見えますが、実は自分の両手の自由を失う行為です。

また相手の手を掴んだ瞬間から、自分の意識は相手の両手に集中してしまい、それ以外の部分に隙を作ってしまいます。

(3)「合気上げ」は生涯の課題

「合気上げに王道はない。」ただ来る日も、来る日もやるしかない。

合気上げに簡便法はなく、テクニック不要です。毎日ただ繰り返し、十年一日の如く千錬万鍛する。

挫折の危険を、根性と忍耐で乗り越え、また同じことを繰り返す。

ある日突然に少しだけ上がった、しかしまた今日は上がらない。それでも続ける努力は、いずれあなたに大切な何かをもたらすでしょう。

難しくて単純でつまらない訓練ですが、気を練るための最重要な鍛錬法です。大東流を続ける限り、生涯「合気上げ」に明けて、暮れる修業が必要です。

この主たる目的は腕力を鍛えることではありません。気のパワーを身につけることです。

合気柔術を唱えている限り、「合気上げ」から離れることはできません。

(4)「合気上げ」のいろいろ

「合気上げ」とは、己の身体のいずれかの箇所を掴まれた場合に、相手の力を抜いたり重心を崩す技術で、手首に限られたものではありません。肘・肩・脚等で使う事もあります。

代表的な「合気上げ」が、前面から両手首を掴んでくる形です。

次のような相手の掴み方を「合気上げ」します。

① 座法（双方が座る）

対面した相手に両手を掴ませる。

② 半座半立法（相手が立って己は座る）

正面から両手を掴ませる。

高い位置から、のしかかられるためもっとも難しい。この方法を当会では基本訓練として行っています。

③ 立合法

ア、正面両手取Ⅰ(対面した相手が両手を掴む)。

訓練では常に行われているが、あまり実戦での使い道はない。なぜなら合気上げで相手を上げても、そのままでは技に繋ぐことができません。技をかけるためにはいったん下ろすしかありませんが、そこでもとに戻ってしまいます。これが鍛錬法である理由が、お分かりになったと思います。

イ、後両手取Ⅰ（後ろから相手が両手を掴む)。

ウ、正面片手順手取（相手が右（左）手で己の左（右）手を掴む)。

エ、正面片手逆手取（相手が右（左）手で己の右（左）手を掴む)。

オ、正面両手取Ⅱ(対面した相手が両手を掴む)。

片方の手だけ「合気上げ」する。

カ、後両手取Ⅱ（後ろから相手が両手を掴む)。

片方の手だけ「合気上げ」してくる、あるいは１８０度体変更して対面する。

キ、諸手取（前方あるいは左右から、相手が両手で己の片手を掴む)

多人数捕には欠かせない「合気上」です。

ク、正面両手取Ⅲ(対面した相手が両手を掴む)。

掴まれた両手を絡んで「合気上げ」する。

「合気上げ」のいろいろ

座法
相手、自分ともに座位

半座半立法
相手が立位、自分が座位

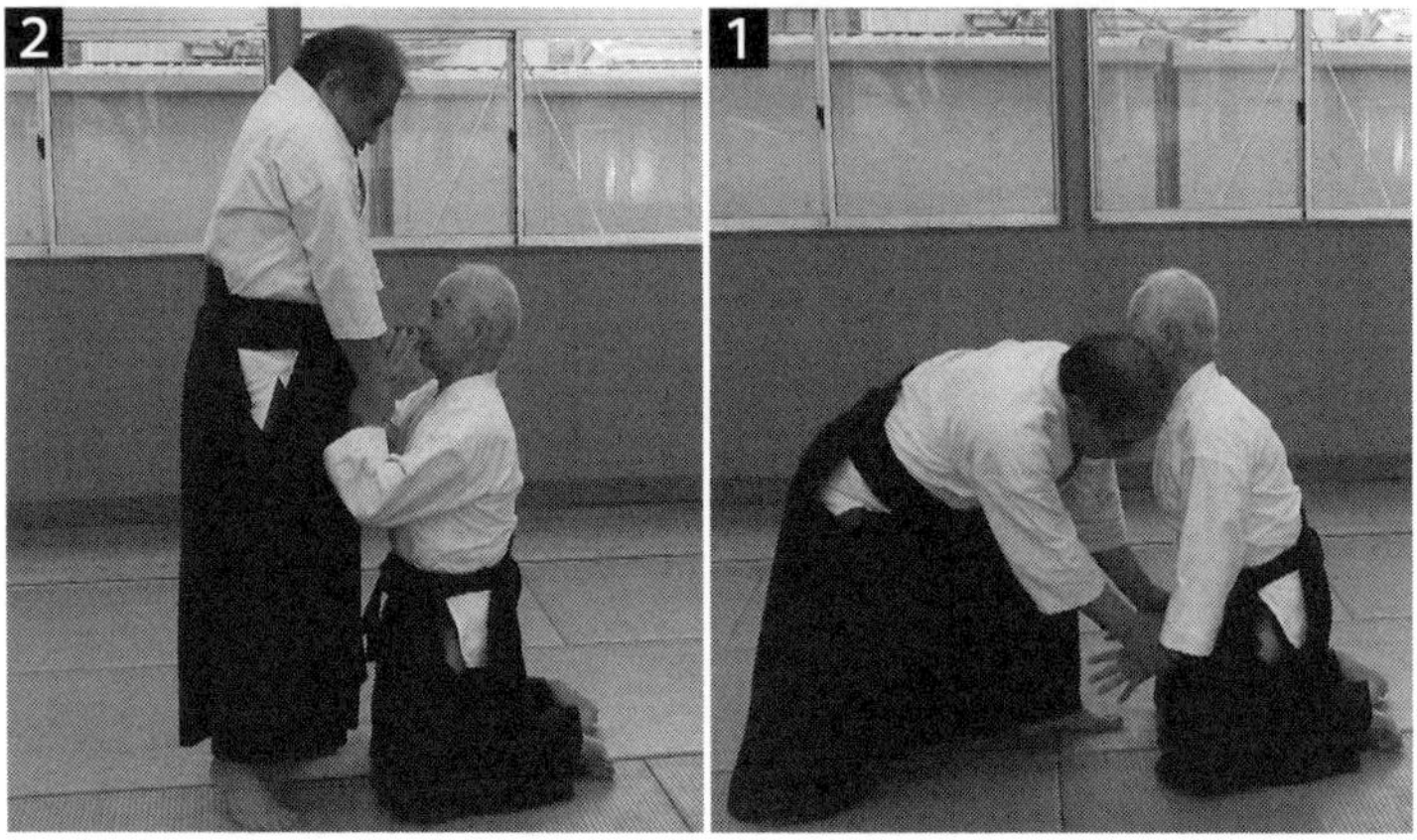

立合法
相手、自分ともに立位

立合法「合気上げ」

正面両手取Ⅰ

対面した相手が両手を掴んでくるのに対して合気上げ。

後両手取

相手が背後から両手を掴んでくるのに対して合気上げ。

立合法「合気上げ」

片手順手取

対面した相手が右手でこちらの左手を掴んでくるのに対して合気上げ。

片手逆手取

対面した相手が右手でこちらの右手を掴んでくるのに対して合気上げ。

立合法「合気上げ」

対面した相手が両手でこちらの両手を掴んでくるのに対して右手のみ合気上げ。

正面両手取II

後両手取II

相手が背後から両手を掴んでくるのに対して左手のみ合気上げし、上げた腕を後方へくぐる。

立合法「合気上げ」

諸手取

対面した相手が両手でこちらの右手を掴んでくるのに対して合気上げ。

正面両手取Ⅲ

対面した相手が両手でこちらの両手を掴んでくるのに対して、自分の右手が上になるよう絡め、右上方へ合気上げ。

④その他の「合気上げ」
ア、肩・後ろから押さえ込まれた時。
イ、腹部・脚等　他人数で仰向けに押さえられた時。

⑤掴んで上げる（外脈極め）　※第7章参照
ア、右（左）手で相手の左（右）手首表を掴み、外脈極めで上げる。
イ、両手で相手の両手首表を掴み、外脈極めで上げる。
ウ、相手が右（左）手を両手で掴んできたら、右（左）手は掴ませたまま、もう一方の手で相手の左右いずれかの手首表を掴んで上げる。

⑥掴んで上げる（内脈極め）　※第7章参照
ア、右（左）手で相手の左（右）手首裏を掴み、内脈極めで上げる。
イ、両手で相手の両手首裏を掴み、内脈極めで上げる。
ウ、相手が右（左）手を両手で掴んできたら、右（左）手は掴ませたまま、もう一方の手で相手の左右いずれかの手首裏を掴み、内脈極めで上げる。

※内脈極めは「四ヵ条極」とも言います。

⑦掴まれた手を掴んで上げる。
ア、相手が右（左）手で己の左（右）手を掴んできたら、「カイナ返し」して相手の右手首裏を掴み、内脈極めで上げる。
イ、相手が右（左）手で己の右（左）手を掴んできたら、「カイナ返し」して相手の右手首裏を掴み、内脈極め（四ヵ条極とも言う）で上げる。
ウ、相手が右（左）手で己の左（右）手を掴んできたら、右（左）手で相手の右手首裏を掴み、内脈極めで上げる。
エ、相手が両手で己の両手を掴んできたら、両手を内「カイナ返し」して相手の両手首裏を掴み、内脈極め(四ヵ条極とも言う)で上げる。
オ、相手が右（左）手を両手で掴んできたら、相手の左右いずれかの手首裏を掴み、内脈極めで上げる。

カ、相手が右（左）手を両手で掴んできたら、右（左）手は掴ませたまま、もう一方の手で相手の左右いずれかの手首裏を掴んで上げる。

※手首裏を掴む方法は、ほとんどが相手に掴まれた場合に使うものです。

※この技法は特に二人捕、三人捕等の多人数捕で活用します。

⑧ 両手取裏「合気上げ」―

ア、裏「合気上げ」そのⅠ

身体を僅かに引きながら、掴まれた両手掌を下に向け、両手を己の両肩へ向けて振り上げ、相手の両腕を伸ばす。

イ、裏「合気上げ」そのⅡ

脇を締め両掌、指先を手前両肩に向けて振り上げ肘を突き出す。

この動きによって相手は爪先立ち、両腕が伸びてしまい、まったく無力化されてしまいます。

⑨ 「合気上げ」の活用

合気上げは片手合気上げが、相手の多様な動きに対応して使われていますが、特に多人数取を行うためには、必須の技術になってきます。

（5）大東館の合気上げ

太平洋戦争の敗戦により武道が禁止されていましたが、時宗師は昭和27年に奥様の実家である、北海道網走市の山田水産の工場の一角で、大東流の指導を再開されました。

その後ご自宅の隣接地に大東館道場を建設されました。

大東館の稽古は入門するとまず「合気上げ」を指導され、それから技が教えられました。また当時は立った同士が対面して、一方が相手の片手あるいは両手を自由に掴み、掴まれた方が片手または両手の合気上げを稽古したそうです。

大東館の「合気上げ」

対面し、双方が自由に手を掴み合う。掴まれた側は合気上げ。

1

2

3

この稽古はまずお互いが相手を掴む争いがあり、その後掴まれた方が合気上げを行いました。

またこの稽古法は、太刀または竹刀を外して素手で闘う、剣術の意味合いがあり、掴まれた方は剣で手を斬られたことを意味します。

このように初期の大東館では常に剣を意識した、大東流合気柔術の指導が行われていました。

6 鍛錬法

「技は理論的に、基礎鍛錬は倒れるまで。」、これが修業です。

強くなりたかったら良い鍛錬法を見つけて、徹底的にやり抜くことです。

当流は技の数が非常に多く、修業者の方は技を覚えることに熱心な反面、時間の制約もあり基礎鍛錬がおろそかに成りがちです。しかし頭で技を覚えてもすぐ使えるものではありません。

基礎鍛錬はあまり面白くないので、自然に怠りがちになりますが、強くなろうと思ったら頑張るしかありません。時間を見つけて、基礎鍛錬に励むしかないのです。自分との闘いです。

(1) 基礎鍛錬は倒れるまで

己に勝てずして相手に勝てるわけがありません。

相手の心を制御することはできません。しかし自分の心は制御することが可能です。

闘う相手にある行為を「やめてくれ」と言っても聞いてはくれません。しかし自分の行為はやめたいと思えば、いつでもすぐにやめることができます。

たとえば「腕立て伏せ」を繰り返していると、「これ以上続けると落ちてしまうからやめよう」とする時がおとずれます。しかしそのような判断ができる間は続けること。

するといつか落ちてしまいます。この時が鍛錬の終わる時です。

(2) 鍛錬法を大切に、そして実行する。

修業者の皆さんは兎角「技」そのものに気が向いてしまい、「技」の稽古の方を熱心にしていますが、相手に利くような技を身に付けるためには、そのための身体を作ることこそが必修になってきます。

鍛錬法はほとんどが、辛くつまらないものです。

(3) 鍛錬法は宝物

「技は教えるが、鍛錬の方法は教えない」という言葉を聞いたことがあります。

振り返って見ると自分の師匠や先輩も、独特の訓練を行っていたように思いますが、自ら鍛錬する姿をあまり拝見した記憶がありません。

達人、名人と言われる方々はいずれも、隠されたご自分だけの鍛錬法をもっておられたように感じています。

当会で行っている鍛錬法を公開します。

皆さんには尊敬する師匠、先輩からさりげなく教えて頂いた、あるいは真似る、盗んだ鍛錬法がありませんか?

その宝物は大事に仕舞いこまず、いつも身に着け修業を続けて頂きたいと思います。

(4) 鍛錬法を続けるために

強くなるためには鍛錬法を、技の稽古以上に努力実行しないと実現できません。

さてその鍛錬法ですが、そのほとんどがつまらない、難しくて大変なものです。

最初は無理しないことです。何かのきっかけからそれをやろうと、一念発起した時は一種の興奮状態ですから、やろうと決めた回数や時間を、どうしても多く長く設定してしまう傾向があります。しかし無理をすると疲れてしまい、途中脱落してしまう結果となり、何も得ることなく終わってしまいます。ですから最初思いついたときの三分の一くらいから始めて、徐々に増やしていくことが継続できる秘訣です。途中脱落は相手に勝つために始めたものを、相手と闘う前に自分に敗けてしまったことを意味します。

また、難しくても努力した結果を自ら確認できるものは継続しやすく、定量的に評価できることが理想です。

最も難しい鍛錬は、単純で易しく簡単にできるが、その評価が回数や時間でなく、その質である場合です。

例えば木刀の素振りや、進退左右への体移動の訓練などです。

私が尊敬する現代の武道家松田隆智師は自ら課した鍛錬「突き三千万回」の寸前で逝去されました。

◉鍛錬法「朝顔での合気上げ」

両手半座半立法・・・最も難しい「合気上げ」。

「受」：「取」の前面に立ち腰を落として相手の両手首を掴み、思い切り押さえつける。

なお「取」がまったく動かない場合には、訓練にならないので多少加減して押さえること。

「取」：ア、五指を開き、指先に気を入れる（「意識を集中する」、手首、肘、肩の力を抜く。

イ、肘を落として、脇を閉める（肘を肋部につける）。

エ、朝顔(花が開いたように五指を拡げて、掌を丸めて指先を外に向ける。）。

I、両掌を朝顔に、両肘を下げ、両指先を斜め上方へ向ける（指先を軽く曲げる。生卵を掌で掴んで割れないように柔らかく）。

II、両肘を内に入れ脇を締め、両掌と両指先を斜め上方へ向ける（上半身全体で朝顔を作り、相手の押してくる力を外側へ流してしまう。）。

＊朝顔はI．だけではなく、II．が重要です。

オ、下丹田を意識し、息を思いきり吸い込みながら、腹部を膨らませ肛門を引き上げる。

また息を吸う時には、掌のちょうど真ん中にあるツボ「労宮」から、下丹田へ

鍛錬法「朝顔での合気上げ」

朝顔

◉手の朝顔
手で朝顔が花開かせた状態を作る。掌と指先を開き、指先を軽く曲げる。掌は生卵を掌で掴んで割れないよう柔らかく開く。さらに両肘を下げて肋骨へ着けて脇を締め、指先を斜め上方へ向ける。
◉上半身の朝顔
両掌を朝顔にして、上半身全体で朝顔を作る事が重要です。両肘を落として内へ入れ、脇を締め、両掌と両指先を斜め上方へ向けて、相手の押す力を外側へ流してしまう。

1

2

「手の朝顔」と「上半身の朝顔」を作り、半座半立（相手が立位、自分が座位）で合気上げを行う。

気を採り入れるように意識する。

「労宮」は漢方、鍼灸、気功などで重要視されているツボです。
カ、朝顔のまま一気に息を吐きながら、小指を相手の脇の下へ向けて突っ込む。
続いて両手掌を徐々に上へ廻して、肘を相手の正中線へ向けて突き出し五指を手前にもってくる。

また吐く時には、気が「労宮」から相手の体内に向かって入り込んでいくように意識する。
※脇を締め、肘が外へ開かぬように要注意。
これは呼吸力の鍛練法でもあり、最も大事な稽古法で、火事場の馬鹿力的なパワー、呼吸力を養成する方法です。
※私達が通常「合気上げ」と呼んでいるのはこの合気上げのことです。この「合気上げ」には立法、半座半立法、座法の三つがあります。人と人の闘いは大半が、お互いに立った同士の闘いになりますが、当会では最も難しい半座半立法を行っています。

◉鍛錬法「合気八方崩し」(座法)

これは入門と同時に始める稽古法であり、常に稽古の始めに準備運動の一環として行う最も基本的なものです。

「合気上げ」にて相手を浮かし「膝行」、「かいな返し」を用いて前後左右、四方、八方に投げ分け、最後は膝前に引き落として終わります。
＊八方崩しの例・・・右方へ投げる。
ア、両手「合気上げ」にて体を浮かす。
イ、僅かに両手を下げながら、左膝を右方へ進め右膝を引く。
この動きに合わせ右手首を右廻りに円く捻りながら右後方へ引き、左手を右上方へ向けて右「カイナ返し」して右方へ投げる。
＊引き手(右手)が利いていない例が多いので注

鍛錬法「合気八方崩し」（座法）

合気上げで相手を浮かし、「執行」「かいな返し」を用いて前後左右、四方八方に投げ分ける鍛錬法。

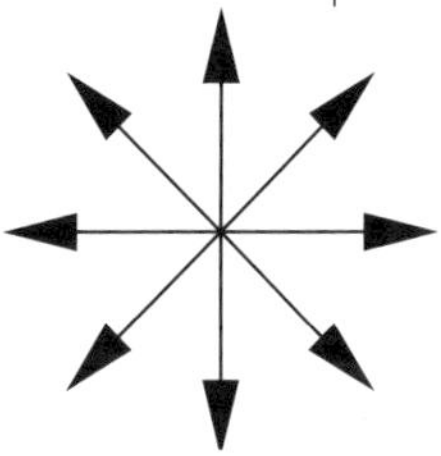

右方へ投げる例

両手を掴んできたところ、合気上げで相手の体を浮かす（写真2）。僅かに両手を下げながら、左膝を右方へ進め右膝を引く。この動きに合わせ右手首を右廻りに円く捻りながら右後方へ引き、左手を右方へ向けて右「カイナ返し」して右方へ投げる（写真3～5）。

意すること。

◉鍛錬法「合気八方投」（立法）

合気八方崩しの立合編で速く、スムースな足捌き、体捌きを身に着ける稽古法です。

◉鍛錬法「立合合気十法」

この訓練法は相手から順手、逆手、両手を掴まれた場合、あるいは衣服などもまったく同じ足捌き、体捌きでで、行うことができるものですが、前後左右へ誘導すると身体の構造上から、相手の手が自然に手が離れてしまい、操作できないことが多々あります。

その点片方の手を両手で掴まれると、上記の動きがすべて可能になります。またこの足捌きは相手の袖や襟を掴まれた場合も、充分応用が可能です。

合気投げは手の動きとともに、己の重心を崩さずに四方・八方・十六方・三十六方へ素早く動けるような、体捌き足捌きをマスターすることが必要です。

立合合気十法はそのための基本の訓練法です。

相手の接触の仕方は、手を例にしても右手で左手を、左手で左手を、両手で両手を、両手で片方の手を掴む四通りの方法があります。

また襟や袖を掴む等、様々な方法まで含め十四通り想定して、随時稽古を行いますが体変更や足捌きの方法をすべて同じです。

「受」は前方より両手で「取」の右手を掴みにいく、あるいは掴んで前方へ押す。

ア、前方へ

① 掴まれた右手を左方へ引いて相手を崩し（以下同じ）右「カイナ返し」、相手の右手を押さえて左手を添える。

② 掴まれた右手を右方へ引いて相手を崩し（以下同じ）左「カイナ返し」して、相手の左手を押さえて左手を添える。

イ、右方へ90度体変更

③ 右「カイナ返し」して、相手の右手を押さえて左手を添える。

鍛錬法「立合合気十法」

片手を両手で掴みにこられる形を基本とした、体変更とカイナ返しの方向の組み合わせによる10種の体捌き。

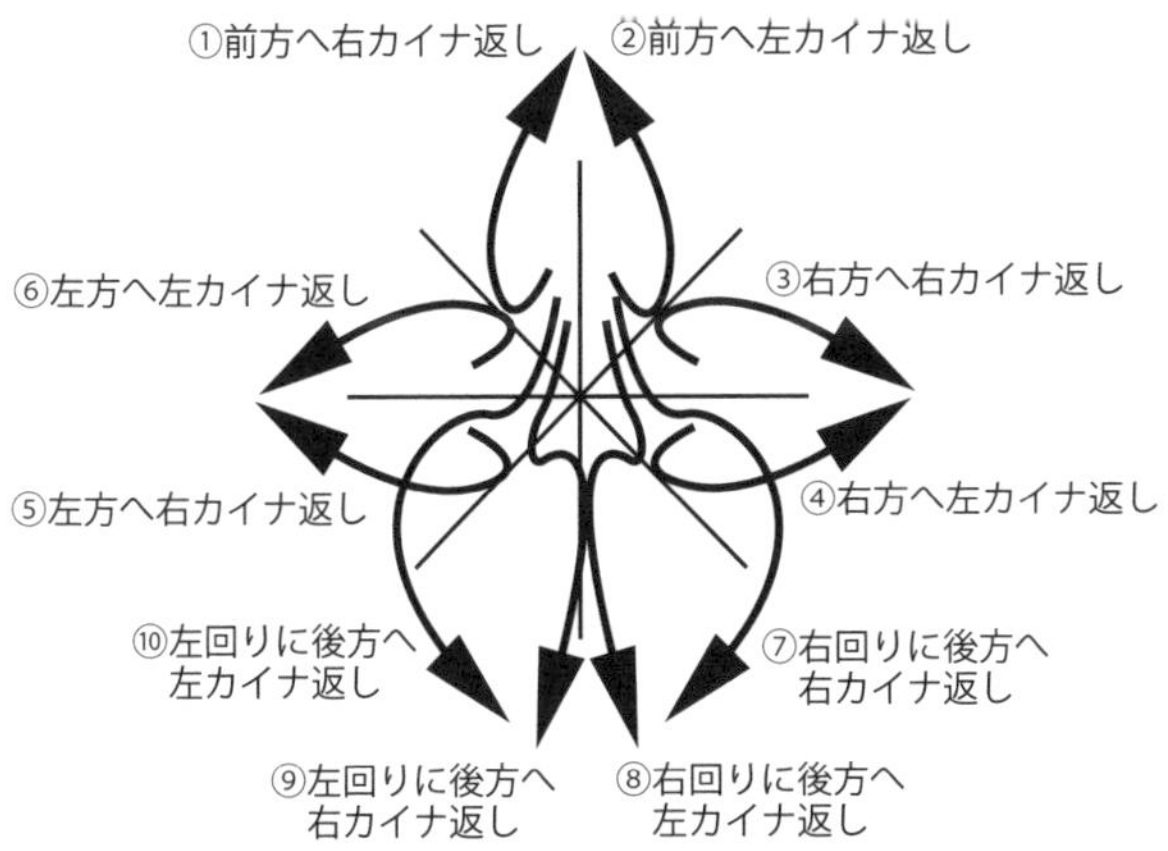

前方へ右カイナ返しする例

右手を両手を掴んできたところ、掴まれた右手を左方へ引いて右「カイナ返し」。

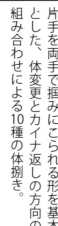

④　左「カイナ返し」して、相手の左手を押さえて左手を添える。

ウ、左方へ90度体変更

⑤　右「カイナ返し」して、相手の右手を押さえて左手を添える。

⑥　左「カイナ返し」して、相手の左手を押さえて左手を添える。

エ、右回りに後方へ180度体変更

⑦　右「カイナ返し」して、相手の右手を押さえて左手を添える。

⑧　左「カイナ返し」して、相手の左手を押さえて左手を添える。

オ、左回りに後方へ180度体変更

⑨　右「カイナ返し」して、相手の右手を押さえて左手を添える。

⑩　左「カイナ返し」して、相手の左手を押さえて左手を添える。

この訓練法は、合気柔術、合気投げを修得するために欠かせない訓練法で、素早くスムースな動きで相手を崩す方法です。

また「カイナ返し」をともない、指先・手首・肘・肩が連動するので、これらの柔軟な体造りをしなければなりません。

これらの訓練法は前著『武田惣角伝　大東流合気武道　百十八カ条』で詳細に説明していますから、ここでは簡単に紹介しました。

7　使用する技術

以下に説明する内容は合気投げ固有のものではなく、合気柔術等も同様です

(1) コマの回転（足捌き）

相手に腕、袖、衣服等を掴まれたら、入身あるいは体を引きながら相手に接触、密着して己の身体をコマのように回転させて、相手を振り回して投げま

コマの回転

相手に腕、袖、衣服等を掴まれたら、入身あるいは体を引きながら相手に接触し、密着して己の身体をコマのように回転させて、相手を振り回して投げる。

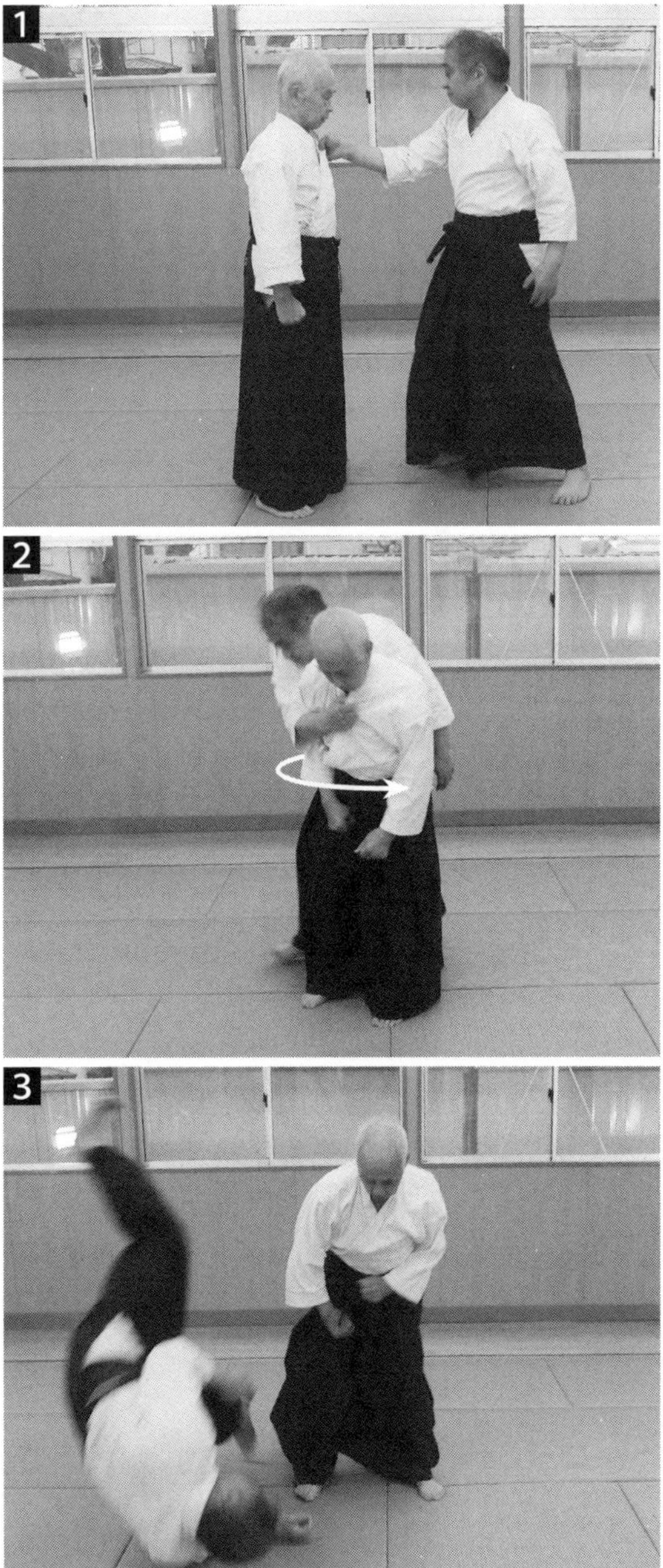

コンパスを引く

離れた間合いから相手が押さえる、掴みに来る、あるいは掴んで押してきた時、片足を軸にして反対側の足をコンパスを引くよう、円く後退させて相手を崩して投げる。

す。

相手に接触したら両足を接して爪先を上げ、両カカトを軸にして、身体を一本の棒のようにして左右へ回転する。

相手は己の周囲を回らざるを得ず、崩れてしまう。

(2) コンパスを引く（足捌き）

離れた間合いから相手が押さえる、掴みにくる場合。あるいは掴んで押してきた時、片足を軸にして、反対側の足をコンパスを引くよう、円く後退させて相手を崩して投げる。

速い円の動きには、身体がついていけないものです。

(3) カイナ返し

これは当流の非常に重要な技術です。

①「カイナ返し」とは、主は手首を回転させることですが、指先、手首、肘、肩を連動させるもので、身体各箇所の柔軟性が欠かせない。

また「カイナ返し」をかけた時は、小指に気（意識）を集中すること。

カイナ返し

手首を回転させる操作。これを、片、肘、手首、指先を連動させて行う。どこを支点にするかで、動きと力の生じ方が変化する。

指先・手首・肘・肩を同時に円く回す。

②「カイナ返し」には内「カイナ返し」(右手による左回し)と外「カイナ返し」(右手による右回し)があり左手も同じです。

③相手にガッチリと手首を掴まれても、手首関節から先の指掌部は自由に動かすことが可能ですから、掴ませ方次第で「カイナ返し」ができます。相手に絡み着いた手を操作して翻弄することも可能です。

(4) 体変更とくぐり

相手に掴まれたら、相手の腕をくぐりながら90度、180度、360度体変更して相手を投げる方法があります。

くぐりは特に相手の身長が高いと、動き易く効果が高いものです。

(5) 腕絡み

当流には「小手返」の他に、種々「突」に対応する技が存在しますが、素人は兎も角として、突いてきた拳はすぐに引かれてしまい、なかなか掴めないものですが、入身して巻き込むと拳は掴めなくても、相手の腕の一部を押さえ込むことができるものです。当流の場合は振り拳を使いながら、拳打ちとともに巻き込み絡んでいきます。

(6) 合気下げ

「合気上げ」と一体で使うことにより効果を発揮します。

両手を掴まれたら。

ア、掴まれると同時に下げる。

イ、合気上げから素早く真下へ下げる。

ウ、合気上げして、体を引きながら小指に気を集中して円く後方へ引く。

(7) 三角点とつっかい棒

三角点とは2本の足を結んだ線を底辺とした二等辺三角形の頂点を言い、具体的には相手を倒した場

腕絡み

打撃してきた相手の手を掴んでとらえるのは、すぐに引かれてしまって至難の業だが、巻き込み、絡む操作（写真2～3）ならば可能になる。

三角点

両足の接地点を結んだ線を底辺とした二等辺三角形の頂点が、崩しやすい「三角点」。前後に一つずつある。

合の頭頂部が三角点です。前後に存在するが後方の三角点が最も相手の倒れ易い箇所となります。

相手の三角点は足の動きとともに常に動いており、素早く見付けて素早く技を掛けないと、相手にかかりません。

また技を掛けた時相手の足が動かぬように、己の足や反対の手でつっかい棒をしたり、相手の足甲を踏み押さえる方法があります。

相手に掴まれた手を前後左右へ引いても、相手がなかなか倒れない時があります。この場合には、相手の腕の可動範囲を超えた位置（腕が完全に伸びきった箇所）まで誘導しないと倒れませんが、相手の足がこれ以上動かないように、つっかい棒をすれば簡単に倒すことができます。この具体例が当流の基本型一カ条「裏落」の応用技で、手刀を相手の足に当て「カイナ返し」して相手を後方に倒す技です。

なお、当流の合気柔術や合気投には「投げる」と言うよりも、「倒す」という表現の方が適切な技が多数存在します。

＊つっかい棒には手を使う方法と足を使う方法があります。また相手の移動を防ぐ方法としては、相手の足の甲を踏み押さえる方法もあります。

(8) 抜き手（手解《てほど》き）

当流は相手に掴ませて、技を掛けることが大きな特長ですから、あまり使用する機会はありませんが、修業者が知っていなければならない技術です。

相手に手首を掴まれたら。

① 指先に力を入れて五指を開く。
② 指掌を外へ捻り（右手の場合左回り）、相手が掴んでいる位置をずらす。

普通の掴み方は親指と他四指の間に挟み押え、親指と他四指の指先が相手の手首の裏側に着きます（掴む場所が広くなる）。

この手首の掴まれている箇所を捻ってずらす（この結果相手の親指と他四指は己の橈骨部に着いてしまい、相手の手の狭い箇所を押さえるため、押さえにくくなる）。

③ 強く勢いよく指先を自分に向け肘を相手に突き出す。

この動きで相手の手は簡単に外れてしまうものです。

(9) ネバリ

掴んできた相手の手に密着し、追随する技術です。離れてしまったら、それを利用する「合気投げ」もかないません。

① 相手に手首を掴まれたら、手首の力を抜いて充分に掴ませ、掴ませた手を相手が離さないようにする。誘導する。
② 相手に引かれたら、手首の力を抜いてついていく。
③ 相手の手を誘導するときは、己の手を直線的に動かさないこと。掴まれた手は円く内へ捻りながら動かすこと。相手が右手で己の左手首を掴んだ場合は、左手首は右回りに捻る。

8 合気とは

(1) 合気修得に必要なもの

合気とは〝ベストタイミング〟で動く事です。

相手と闘っている時、ベストのタイミングで相手を崩し、技を掛け、相手の攻撃から身を守ることです。そのためには素早い予知力、察知力と柔軟な体力を、身に着ける事が必要であり、そのための絶え間ない訓練が必要で、強い精神力で継続しないと身に着きません。

ある時何かを感じ一念発起して、何かを始めることは誰でもできますが、継続して身につけることは非常に難しいものです。まさに「継続は力なり」。

始めることは自分の意志であり、止めることも自分の意志です。自分に勝てない者が相手に勝てる訳がありません、

(2) 合気とは「合機」である

① 早くてはいけない、遅くてもいけない。〝ベストタイミング〟で動くこと。

② 機先を制して技をかけること。

(3) 相手を崩す、あるいは制する技術

「合気をかける」、「合気」とは崩しの技術であり、また相手を制する決め技（打突、投げる、締める、関節を極める等）を使う時のパワーを、気を利用して高めることです。

合気については、時宗師の遺稿に多々述べられています。これについては前著『武田惣角伝　大東流合気武道百十八カ条』でご紹介しました。

また「崩し」についても詳細に紹介しましたので、ここでは「合気」について述べます。

大東流では「合気をかける」と称して、相手を崩していますが、それは次のような事です。

① 相手の動きを素早く察知して先に動く、進退する。

② 相手の呼吸を読んで先に動く、進退する。

③ 相手の気をかわす、そらす。そのために手足や体を動かす。

④ 掴まれた手を上下左右へ僅かに動かして、相手の力を抜く。

⑤ 掴まれた手を「合気上げ」して、素早く引く。

⑥ 掴まれ押された手を押し返した後、素早く引く。

⑦ 相手の力をそらす、減少させる。

⑧ 動きとともに大声を発する。

⑨ 超能力を体得し、これを発揮して相手を崩す。またはストレートに決め技として使用する。

（4）合気とは

惣角師は「合気上げ」だけで、偉大なパワーを身に着けたわけではありません。

◉時宗師のメモより

合気とは気の集中、念力を身に着けることが最高。

①「七ツの力の泉」の開発、鍛練法

ア、性腺（会陰）　健康、精力増強。

イ、副腎　恐怖迷妄を去る不動心。

ウ、臍下丹田　パワーの育成、会得。

エ、胸腺（心臓、肺臓）　人心透視、霊界との通信。

オ、喉　声無き声を聴く、動物の叫声を理解する。

カ、眉間（上丹田）　万物を意の侭に従わせる力等。

キ、天頭　時間と空間を超越して超人に変身する。体を消滅させ一瞬にして、遠隔の地へ移動する力。

② 密教は法力を身つける修業法である

超能力開発の技法であり、人に奇蹟を実現する力を与える。

手印と真言

手印は大日如来を表し、真言を唱え手先振動波を発し、超能力奇蹟を発する。

「唵　阿　毘　羅　吽　欠　蘇　婆　訶」

オン　ア　ビ　ラ　ウン　ケン　ソ　ワ　カ

以上は気功法で行われる「大周天」のことです。

９ 気とは

(1) 気の本質

気とは私達の体内に先天的に存在する生命エネルギーですが、これを利用した行為を超能力と称しています。

この能力は文明の発達とともに徐々に不要になり、潜在化しています。

そのため今は体内に眠っているので、刺激を与えて目覚めさせなければ動きません。それを顕在化させる訓練が座禅、立禅、気功法です。

気は体内を血流とともに巡り、呼吸が重要な役割を果たします。

(2) 超能力とは

① テレパシー。

人の心の動きを知る

② 予知

あらかじめ理論的に知ることができないこと。あるいは未来のことを事前に知る。

③ 後知

通常知ることができない、過去の事を知る。

④ 透視

五感では分からないもの、眼に見えないもの、遠く離れて見えないものが見える。

⑤ 念力（ＰＫ）

想念で自らを動かし、人を含めたあらゆる物体や自然に対して、物理現象を起こす。

ア、武術気功　陰勁。相手に触れずに倒す。合気遠当之術。

イ、真言密教　空中浮揚。火渡り。

座禅、瞑想をするとアルファ波が生じ超能力を引き出される。

(3) 気の強化訓練

気の訓練によって心身を強化する事は、武道修業者にとって必修ですが、現在我が国ではあまり重要視されていないように思います。

江戸時代、剣の世界で名人と称された方は皆、禅や密教等を修業して技を完成させました。

一刀流闘係では寺田宗有、白井亨、山岡鉄舟等です。また、惣角師も長い間修験道や密教の修行を行いました。

現在でも中国拳法の修業者の多くは站椿功《たんとうこう》を長時間行っています。

＊站椿功は立禅とも言います。

大東流や合気道関係では、現在「合気」を唱えながら私の知る限り、一団体以外は組織的に「気」の訓練を行っていないように思います。

当流では次の方法を行っています。

① 座禅・立禅・気功

ア、身体の強化、健康な体造り。

イ、血流を促進して全身に気を流す。

ウ、気のパワーを高める。

エ、超能力を引き出す

退化、潜在化してしまった能力を引き出す。

超能力（予知力、念力、借力「火事場の馬鹿力」等）。

武術気功には相手を触れないで倒す、陰勁という方法があるようです。

② 呼吸法

超能力は座禅等でリラックスした心身と、ゆっくりとした呼吸を繰り返すことにより、脳波がアルファ波の状態になって開発されるものです。

呼吸は吸気・保留・呼気を一定のリズムで繰り返します。

一対四対二、二対四対二等それぞれの流儀によって異なりますが、要は同じリズムで長時間繰り返さなければなりません。

保留は長い事が望ましいのですが、無理をすると同じリズムで繰り返す事ができなくなってしまいます。また、無理をする事による緊張感は逆効果をもたらしまうものです。

私自身は一対四対四のリズムで行い、呼気を長くすることで体内を空にして、新鮮な空気を自然に呼び込むようにしています。
なお呼吸法の訓練には「肥田式呼吸法」が参考になります。この呼吸法を創始した肥田春充氏ご自身が超能力者であったようです。

③ 合気上げ

呼吸と動作を一致させて「気」のパワーを修得します。

最初に述べたように「合気上げ」は呼吸と意識を集中して、腕力とは異なるパワーを身に着ける訓練法です。

④ 一人「合気上げ」

相手に両手を掴まれ、のしかかられたと想定して、自己暗示をかけ、行うイメージトレーニングです。

この方法は身体各処に余計な力が入らないため、基本通りの理想的な「合気上げ」ができ、効果が非常に高い方法ですが、要はいかに意識を集中できるかが鍵となります。

⑤ テッポー

「気」のパワーを養成し、足腰を強化する鍛錬法です。相撲で行われているものです。

手足の動きに合わせて軽い発声で「はっ」、「はっ」と唱えながら力強く息を吐きます。

時宗師が常に一人稽古で行っていました。

サンドバッグや柱を交互に打つ方法もあります。

10 「合気投げ」を修得するにあたって

(1) 掛かり稽古

型稽古のように前もって技を決めずに、「受」の接し方、攻撃方法(例えば「取」の右手を掴む等)のみ決めて、「取」は「受」に接した瞬間の状態に応じて自由に技を駆使する、掛かり稽古方式が良い。

(2) 決め技は一回だけ

相手に接触して決め技を掛け、相手が抵抗して技が利かなかった場合、続けて同じ技を繰り返してはなりません。

技が利かなかった双方の接触状態を変えない限

り、同じ技を使っても技は掛かりません。

この時は相手の抵抗の状況を見極め、改めて崩してから決め技を使います。あるいは己が変化して別の技を素早く使います。

同じ技の繰り返しは、相手に反撃のチャンスを与えるだけです。

技が利かないのは相手が抵抗するからで、この抵抗の瞬間に大きなチャンスが潜んでいます。抵抗するとは何かに意識が集中していることですから、素早く変化すれば活路が見出せます。

(3) 剣の柔術

最初に当流は剣の理合い、技術に則った体術と述べましたが、剣の闘いとはいかなるものでしょうか。

① 常に間合いを取って闘う

鍔競り合いと言って双方の剣が接触した状況で争う瞬間がありますが、これは相手から身を守り、離れて、改めて先手を取るための争いです。

② 剣の攻防は一瞬、一回だけ

勝敗は一瞬の動きで決まるもので、決まらなければ繰り返す事になります。そのため当流の合気柔術、合気投げでは、相手と体を接した状態で闘いを継続しません。体を接した時は、決め技を掛ける時です。

闘いは「間合いとスピード」で勝敗を決します。

第3章

合気投げ 技法編1

居捕・半座半立

本章以下、具体的な合気投げ技法についてご紹介していきます。

当流において、決まった形の技として認識されている「合気投げ」は約200本です。その内訳は概略以下の通りです。

合気投　掛け手（「受」の初動）別

1　居捕（8本）

（1）首締　3本
（2）両手取　5本

2　半座半立（6本）

（1）横片手取　3本
（2）両手取　3本

3　立合（90本）

（1）順手取　14本
（2）逆手取　9本
（3）両手取　19本
（4）諸手取　5本
（5）首締　6本
（6）片手胸襟取　7本
（7）片手袖取　8本
（8）両袖取　9本
（9）袖と襟取　3本
（10）胸取正面打　4本
（11）片手取正面打　6本

4　後捕（39本）

（1）立襟取　7本
（2）両肩取　6本
（3）両肘取　7本
（4）抱締　3本
（5）両手取　11本
（6）後襟取・片手取　5本

5　その他（50本）

（1）正面打　18本
（2）横面打　11本
（3）中段突　15本

（4）掴んで投げる　3本
（5）触らず投げる　3本
以上合計193本

本書中において、形としてはこれらのすべてを掲載はしませんが、要素としてすべてを掲載できるよう考慮してご紹介していきます。

現実的には、合気上げは形としてもこの193本にとどまらず、無数に存在します。それらの形を追っても、合気投げの本質は見えてきません。

本章ではまず、居捕および半座半立の技法群をご紹介します。

ともに自分が座した状態ゆえに、体捌きの自由度が制限されます。それゆえに、「掴まれる、それを利用する」という合気投げの根幹原理をより如実に追究した技法群と言えるかもしれません。

居捕　両手取

八方崩し応用

相手がこちらの両手を掴みにきたところ、すかさず合気上げ（写真3）。左手を左後方へ引きながら右手を上げ「カイナ返し」して左方向へ投げる（写真4～5）。

1

2

3

4

5

居捕　両手取

八方崩し応用

相手がこちらの両手を掴みにきたところ、左手（相手右手）を左膝に着けたまま、右手を差し上げて崩し（写真3）、右手を左手に重ねるようにして左方へ投げる（写真4〜5）

1

2

3

4

5

半座半立　両手取

居《い》反《ぞり》応用

相手がこちらの両手を掴みにきたところ、合気上げで崩し（写真３）、右膝を相手に向けて進め左を向き、左手を引き、右手を落としながら上半身を前傾させて相手を背に引きつける（写真４）。上体を起こしながら左手を後方へ振り、同時に右手で相手右足をすくい上げて後方へ投げる。

4

5

半座半立　両手取

合気上げ

相手がこちらの両手を掴みにきたところ、合気上げで崩し（写真3）、両手を右方へ引き、「カイナ返し」して右方へ投げる。

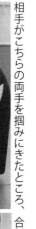

前ページ写真4から5にかけての操作

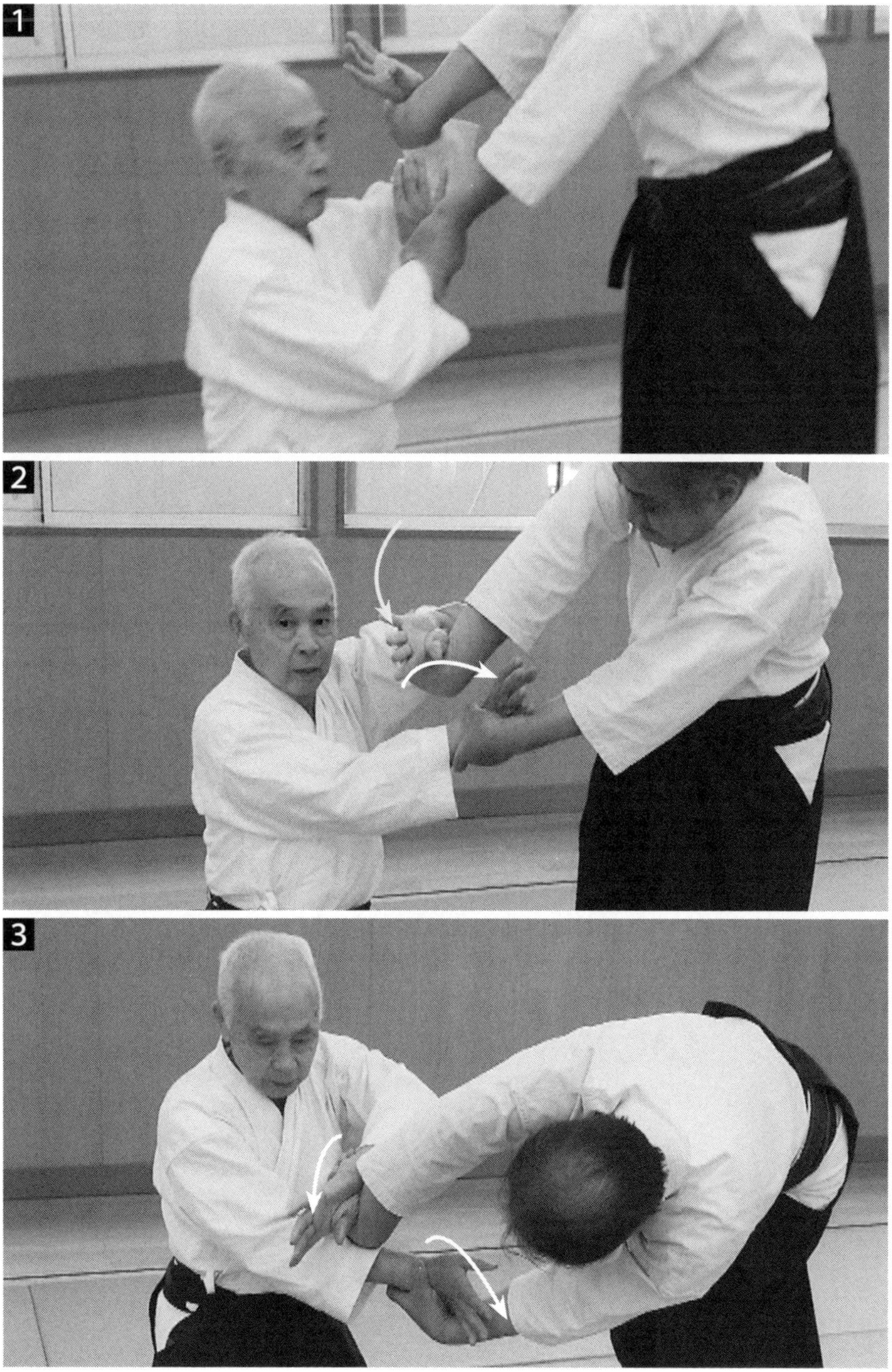

第4章

合気投げ 技法編2

立合

本章では合気投げの「立合」の技法をご紹介します。

相手も自分も立った状態から始まる形ゆえに自由度も高く、技の本数も最も多いところです。

技は、最初に相手がこちらをどう掴んでくるか、どう攻撃するかによって以下の11パターンに分類しています。

(1) **順手取**
(2) **逆手取**
(3) **両手取**
(4) **諸手取**
(5) **首締**
(6) **片手胸襟取**
(7) **片手袖取**
(8) **両袖取**
(9) **袖と襟取**
(10) **胸取正面打**
(11) **片手取正面打**

本章においては、これらすべてのパターンについての技法を掲載します。

相手に応じた臨機応変さが合気上げの真骨頂です。どんな風に攻めてこられても、必ずそれに応じた技が存在します。ゆえに、「合気投げ」というのは無数に形を持つ技なのです。

以下の技法群を見ていただくと、無限に存在する多彩な対応形と、表面的には違っているのにむしろ変わらない部分と、両方が見えてくると思います。

そこを見極める事が、実戦で通用する応用力を手に入れる事につながります。

立合　順手取

振り上げ体変〜腰刈り

相手が右手でこちらの左手を掴みにきたところ、掴まれた左手を右斜め上方へ振り上げ（写真2〜3）、右回りに１８０度体変更する（写真4）。左手を下ろし、右手刀で相手の右腰を刈って倒す（写真5〜6）。

1

2

3

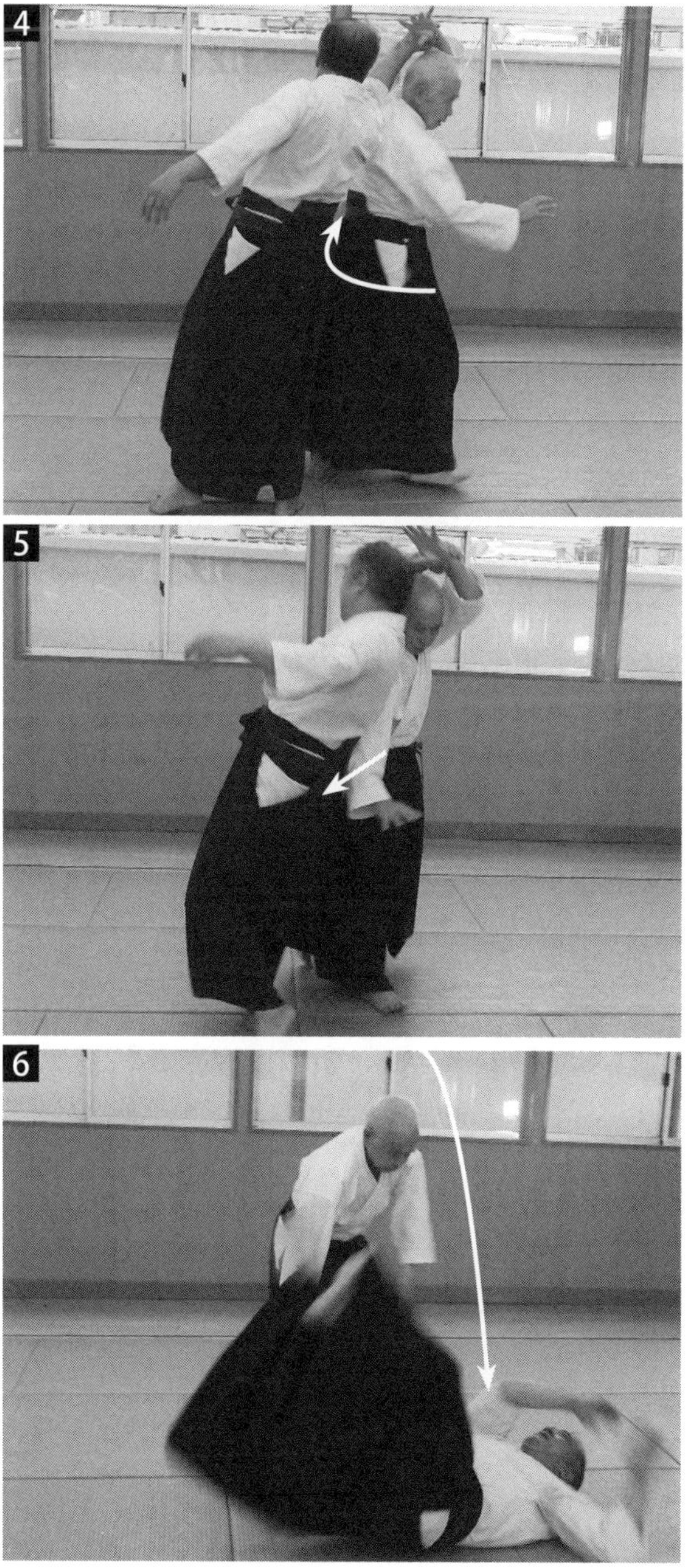
4
5
6

立合　順手取

肩打ち倒し

相手が右手でこちらの左手を掴みにきたところ、掴まれた左手を左前方へ伸ばし（写真3）、右肩を相手の右肩に打ち当て、左手を後方へ引いて倒す。

4

5

立合　順手取

体変～くぐり～前落とし

相手が右手でこちらの左手を掴みにきたところ、掴まれた左手を右上方へ振り上げた後、右回りに１８０度体変更しながら右「カイナ返し」して、相手の背後の三角点に下ろす。

1

2

3

4

5

6

立合　順手取

合気上げ～引き落とし

相手が右手でこちらの左手を掴みにきたところ、掴まれた左手を合気上げ（写真3）、相手が押し返してきたところ、手前に引いて膝を着きつつ投げる（写真4～6）。

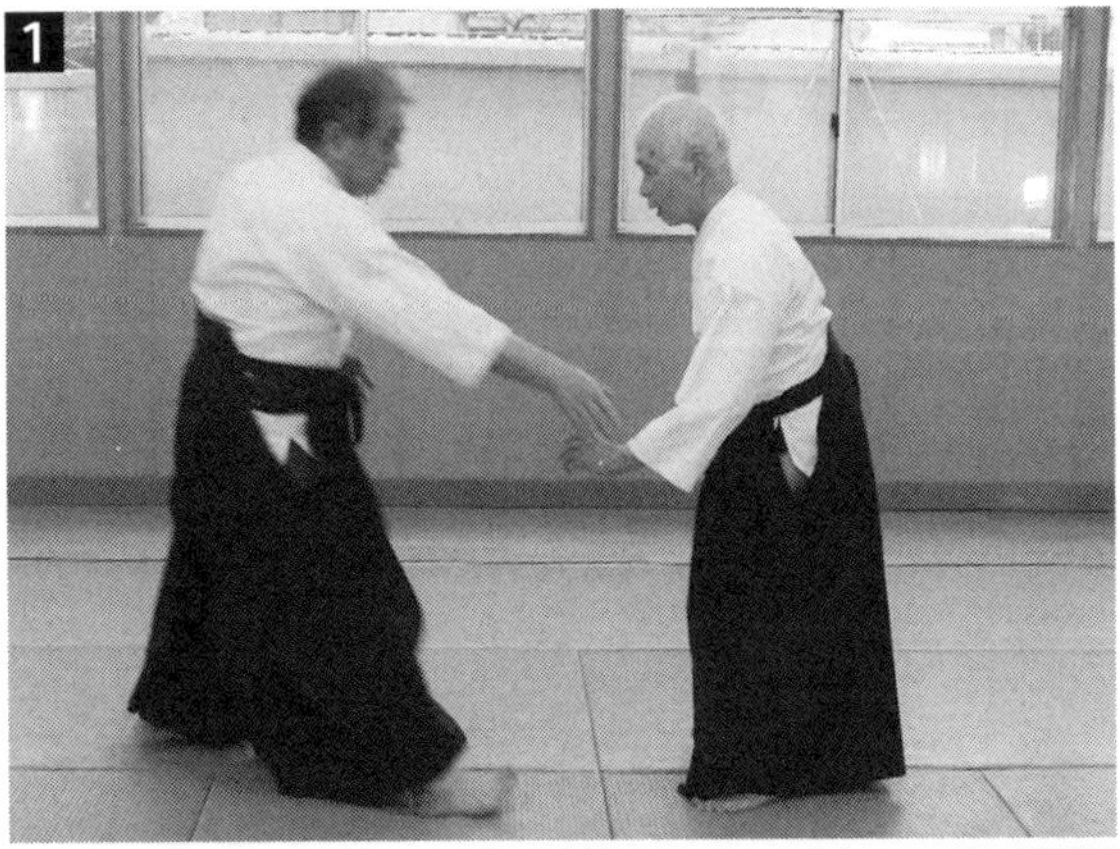
1

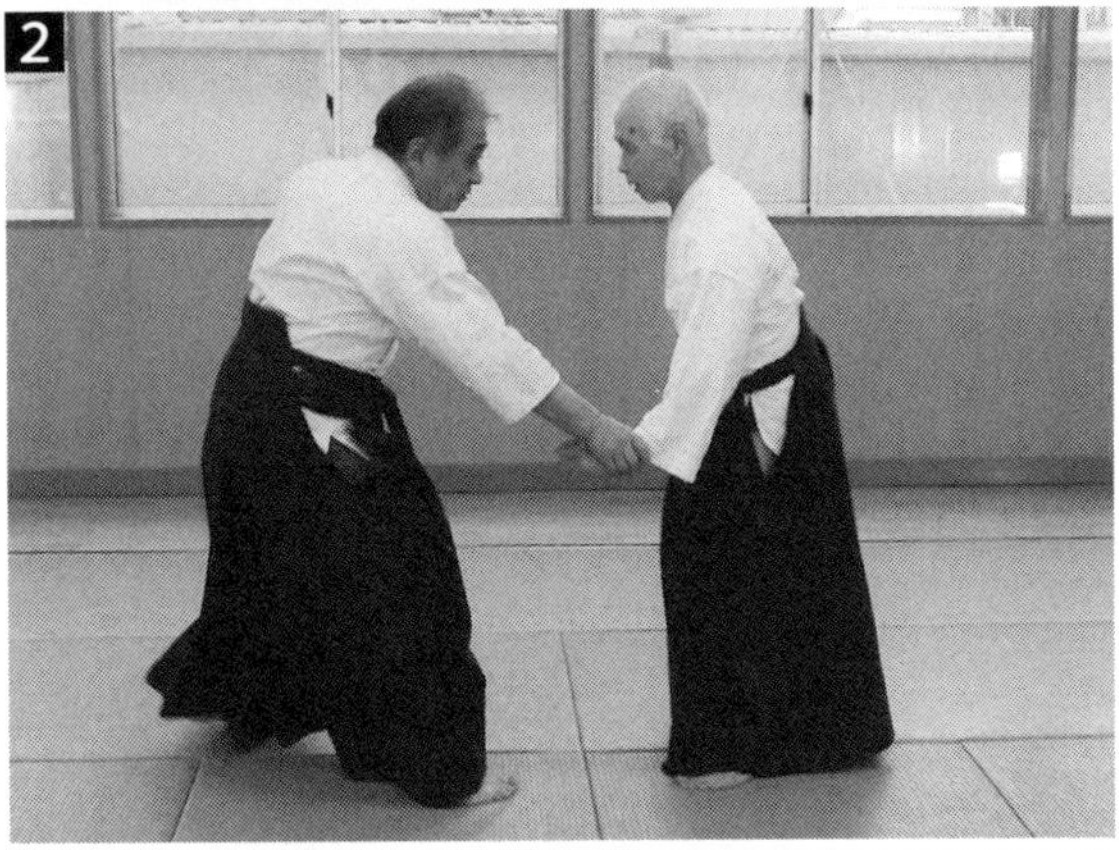
2

3

4

5

6

立合　順手取

合気上げ〜肩打ち倒し

相手が右手でこちらの左手を掴みにきたところ、掴まれた左手を合気上げ（写真3）。左の手を左回りに捻り、左下方へ引き伸ばす（写真4）。右足を相手の右足の後ろに着きながら、相手右肩に肩を打ち当て倒す（写真5〜6）。

1

2

3
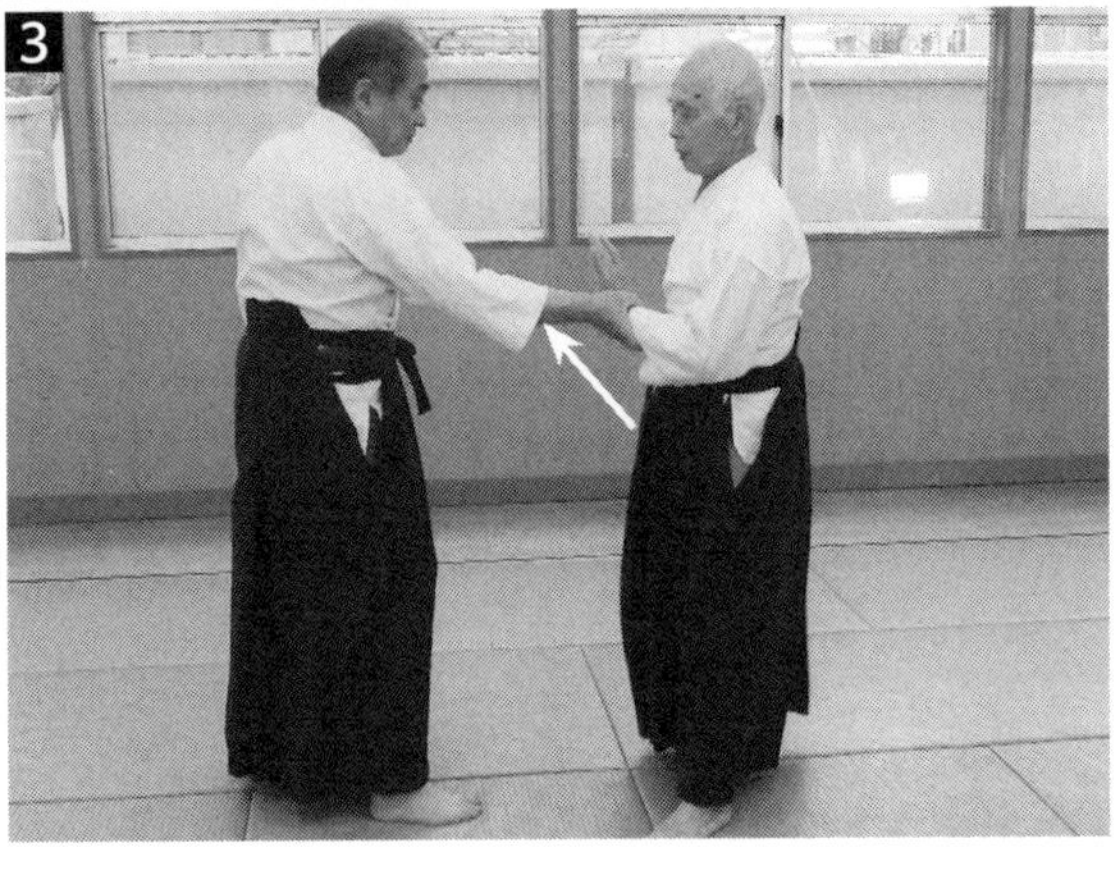

4

5

6

立合　順手取

四方投げ表

相手が右手でこちらの左手を掴みにきたところ、掴まれた左手引き込まれる動きに合わせて左足から右斜め前に出る入身（写真3）。左手を右上方へ振り上げ相手腕下をくぐりつつ、右回りに180度体変更して四方投げ。

4

5

立合　順手取

四方投げ裏

相手が右手でこちらの左手を掴みにきたところ、左手を右上方へ振り上げながら、右回りに１８０度体変更。相手の右手をくぐり、四方投げ（写真３～５）。

1

2

3

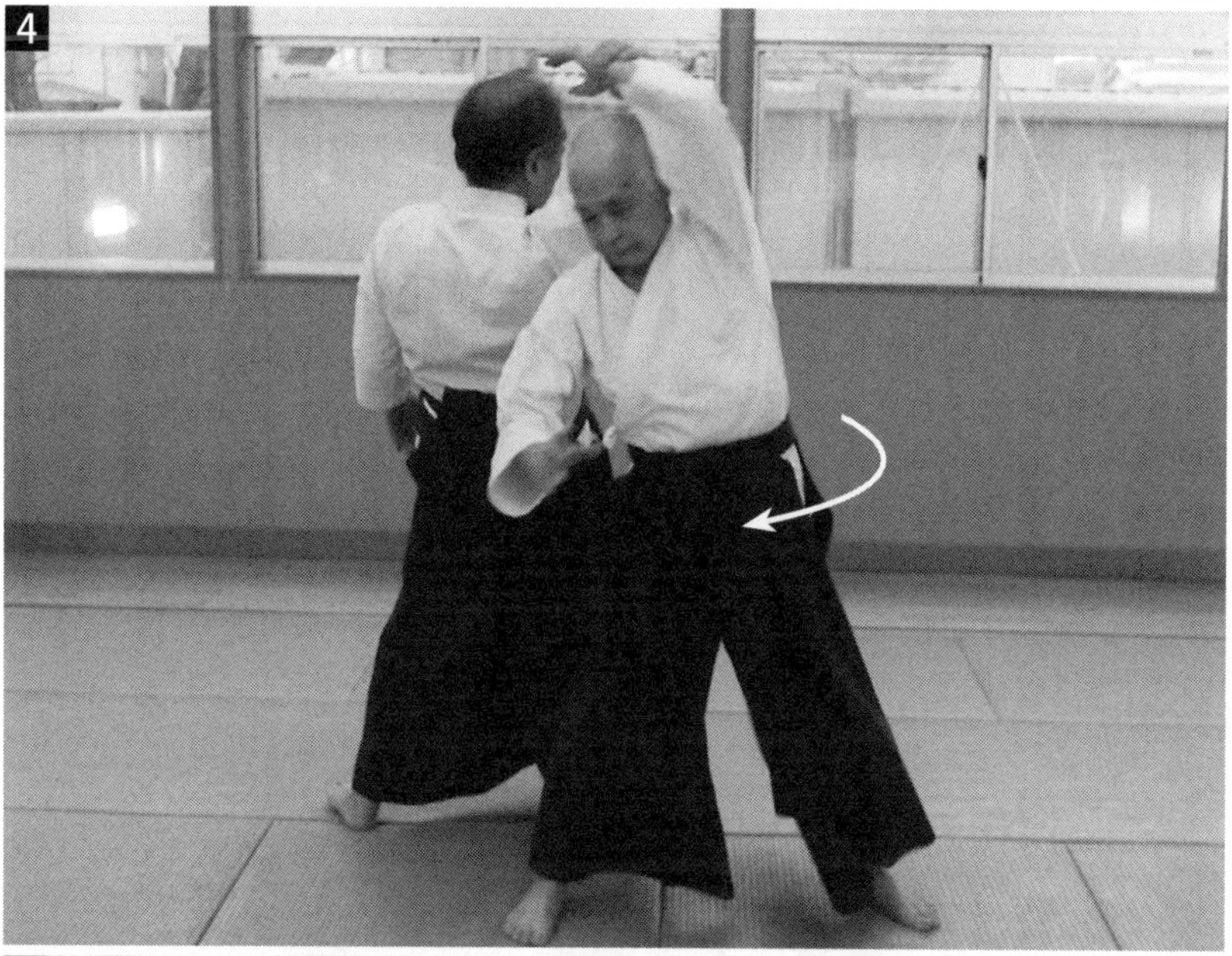

立合　逆手取

入身〜裏落とし

相手が右手でこちらの右手を掴みにきたところ、掴まれた右手を左方へ引いた後、左斜め前方へ入り身（写真3）。右掌を下へ向け、右手を伸ばして相手の右足後ろへ落とす（写真4〜6）。

1

2

3

4
5
6

立合　逆手取

入身～体当て裏落とし

相手が右手でこちらの右手を掴みにきたところ、左足を相手の右足後ろに着きながら、右手を右下方へ円く引き、左腕を左方へ伸ばし、体当たり様に後方へ倒す（写真4～5）

1

2

3

立合　逆手取

肩当て前方投げ

相手が右手でこちらの右手を掴みにきたところ、右を向き右足を引きながら、掴まれた右手を自分の右胸部へ引きつけ（写真3）、左肩で相手右上腕を打って前方へ投げる（写真4〜6）。

4

5

6

立合　逆手取

手絡め～浴びせ倒し

相手が右手でこちらの右手を掴みにきたところ、右手を左回りに絡め（写真3～4）、右手を左「カイナ返し」して左前へ振り相手を後方へ倒す（写真5～6）。

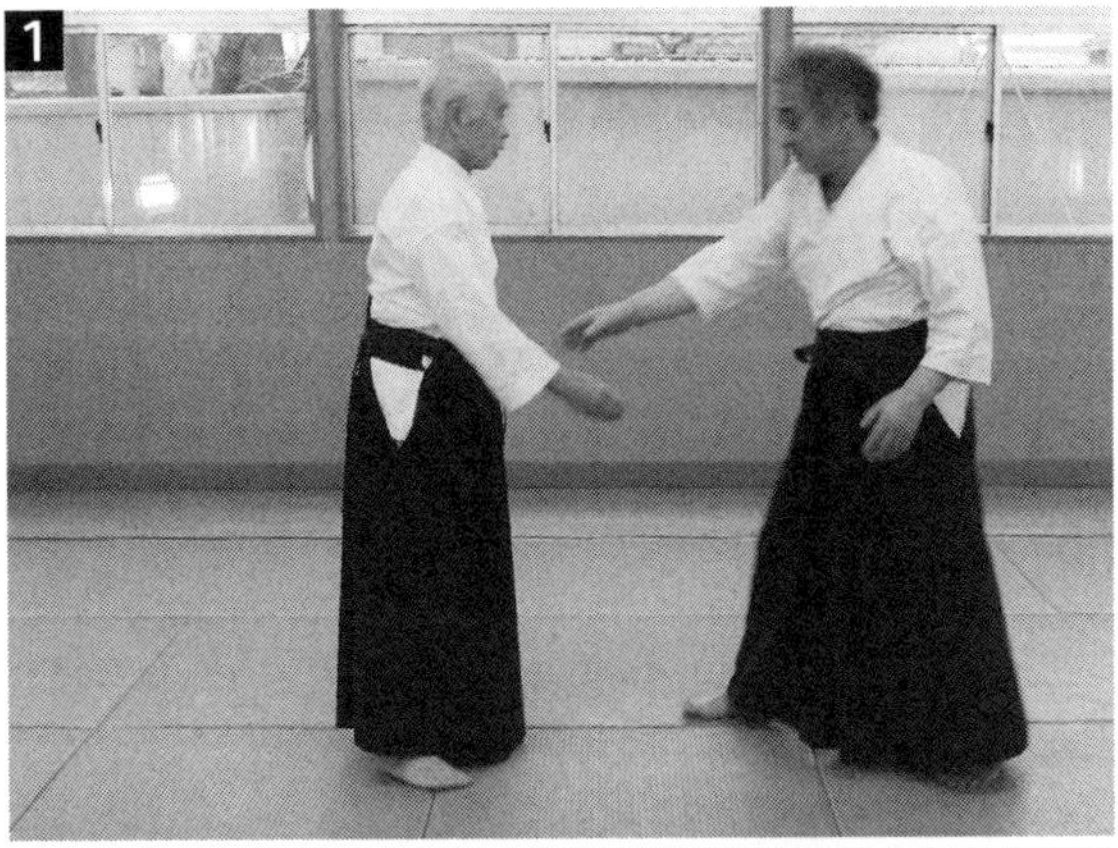

4

5

6

立合　両手取

絡め四方投げ表

相手がこちらの両手を掴んだら、掴まれた右手を左手に乗せるように絡め（写真3）、右斜め前に踏み出ながら、右上方へ振り上げて右回りに180度体変更して（写真4～5）、四方投げ（写真6）。

1

2

3

4

5

6

立合　両手取

四方投げ表

相手がこちらの両手を掴んだら、そのまま両手を右上方へ振り上げ、右回りに180度体変更して相手の右手をくぐり（写真2〜4）、四方投げ（写真5〜6）。前ページの四方投げとは、掴まれた左右の手を絡めないという点で違っている、両手を掴まずそのまま誘導して行う四方投げ。

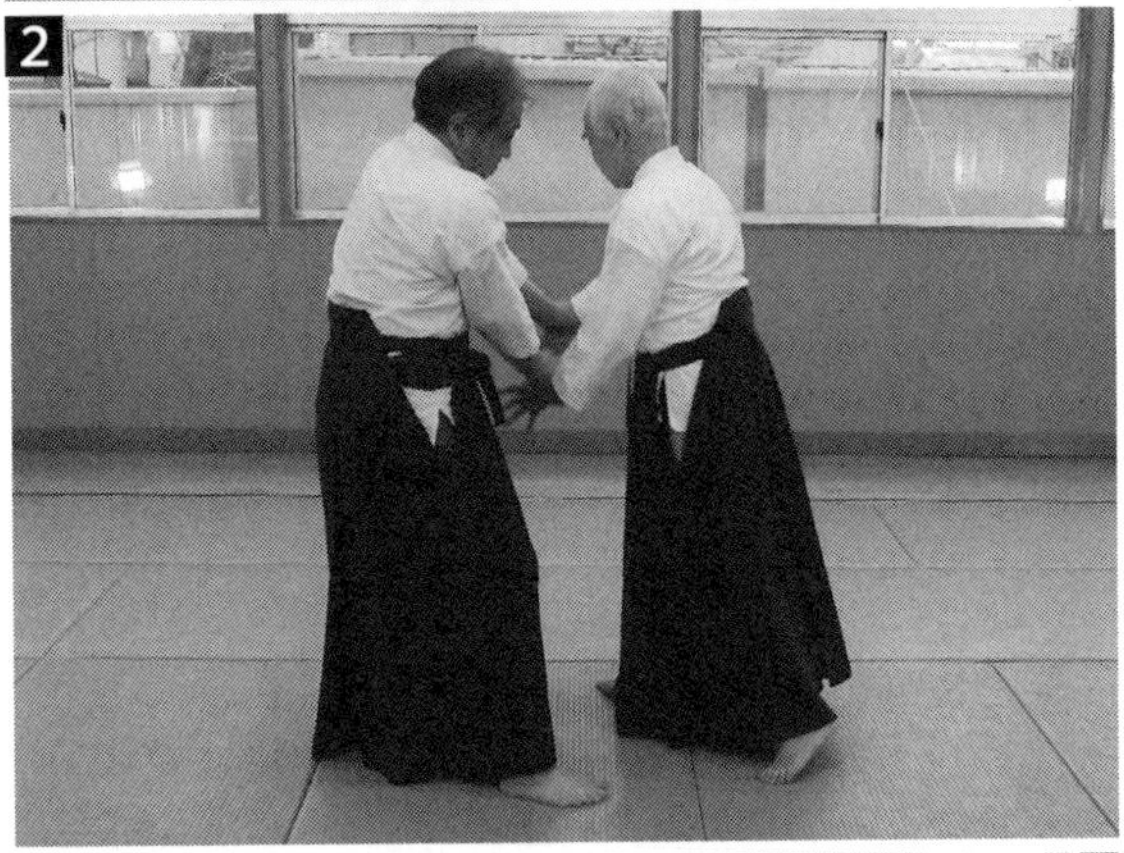

4

5

6

立合　両手取

引きつけ～「カイナ返し」前方投げ

相手がこちらの両手を掴んだら、掴まれた両手を左方へ充分に引き（写真3～4）、両手を右「カイナ返し」で右方へ振り回して投げる。

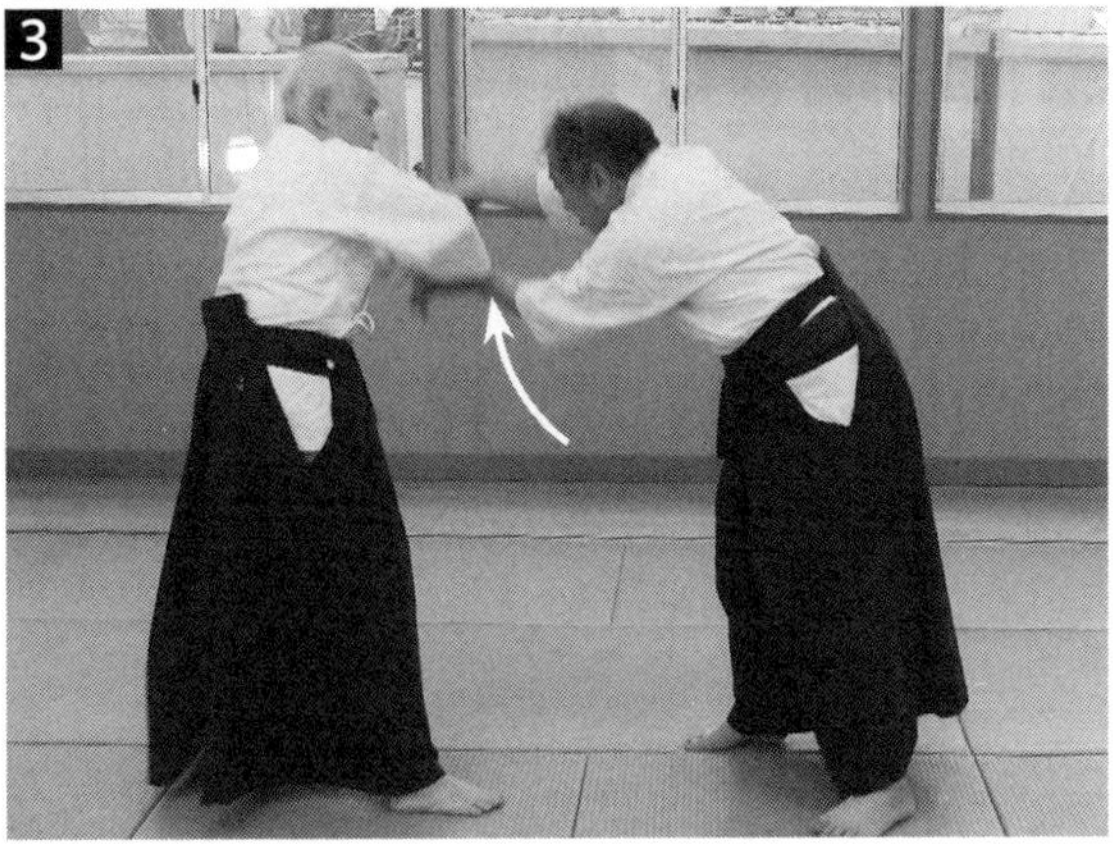

4

5

6

立合　両手取

外「カイナ返し」

相手がこちらの両手を掴んだら、上方へ引き上げてから（写真2～4）、外へ「カイナ返し」して（右手は右回り、左手は左回り）（写真4～5）、直下へ極め落とす。

1

2

3

4

5

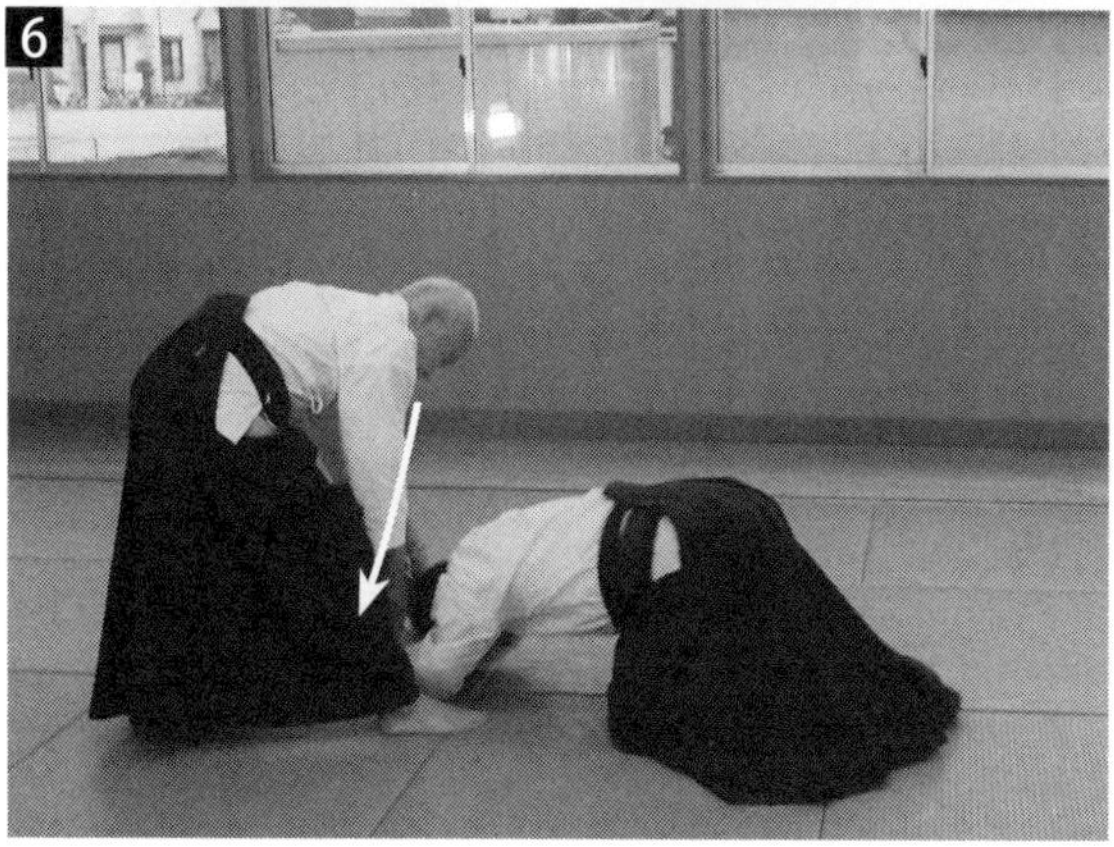
6

立合　両手取

内「カイナ返し」

相手がこちらの両手を掴んだら、上方へ上げてから（写真2〜4）、両手を内「カイナ返し」して（右手は左回り、左手は右回り）（写真4〜5）、直下へ極め落とす。

4

5

6

立合　両手取

四方投げ裏

相手がこちらの両手を掴んだら、掴まれた指先を伸ばし気を集中して、右上方へ振り上げながら左足をわずかに前に進め（写真3）、右回りに１８０度体変更して、両手を相手背部に振り下ろす。

4

5

6

立合　諸手取

体変かつぎ〜落とし投げ

相手がこちらの右手を両手で掴んだら、右方へ合気上げし、右回りに体変更しながら相手の両手を絡めつつ左肩に着ける（写真3〜4）。左膝を着いて前方へ投げる（写真4〜6）。

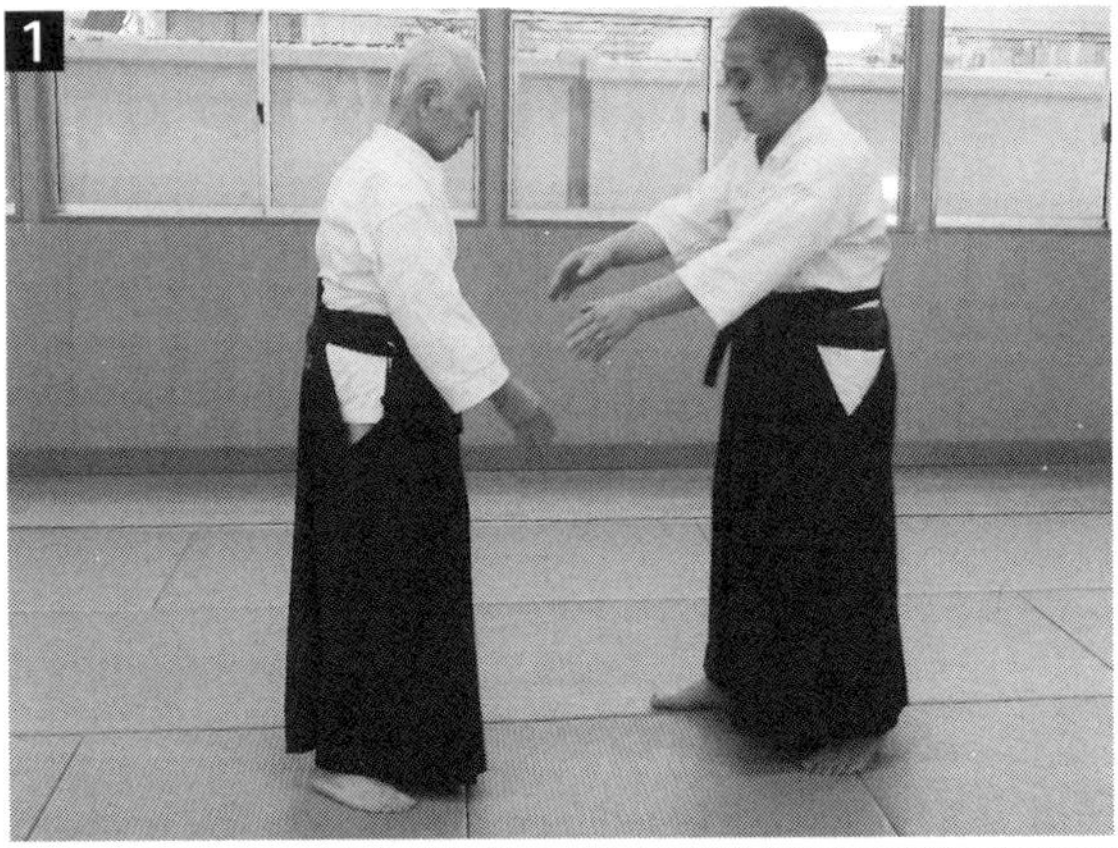

4

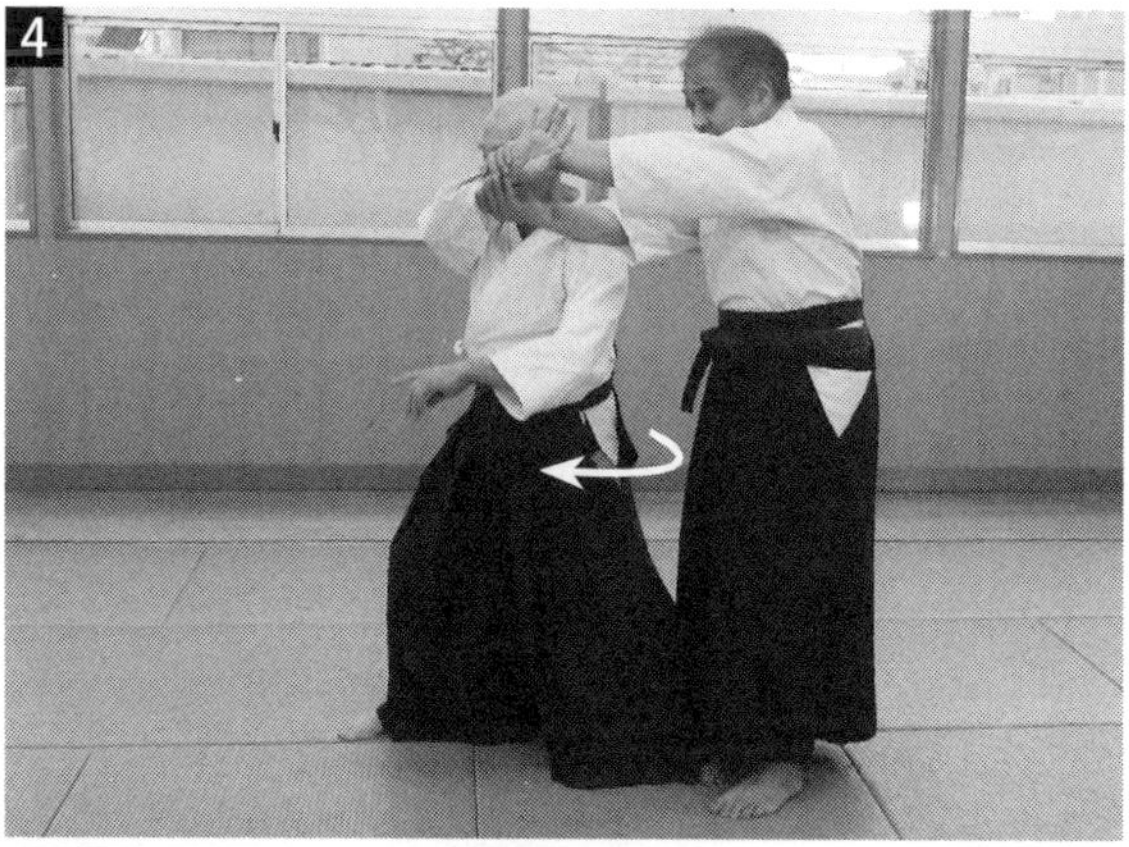

5

6

立合　諸手取

捻り肩当て投げ

相手がこちらの右手を両手で掴んだら、掴まれた右手を左方へ引き（写真3）、右を向き、左足を右前方に進めながら左肩を相手の左腕に着けつつ右手で右「カイナ返し」しつつ前方へ投げる（写真4〜5）。

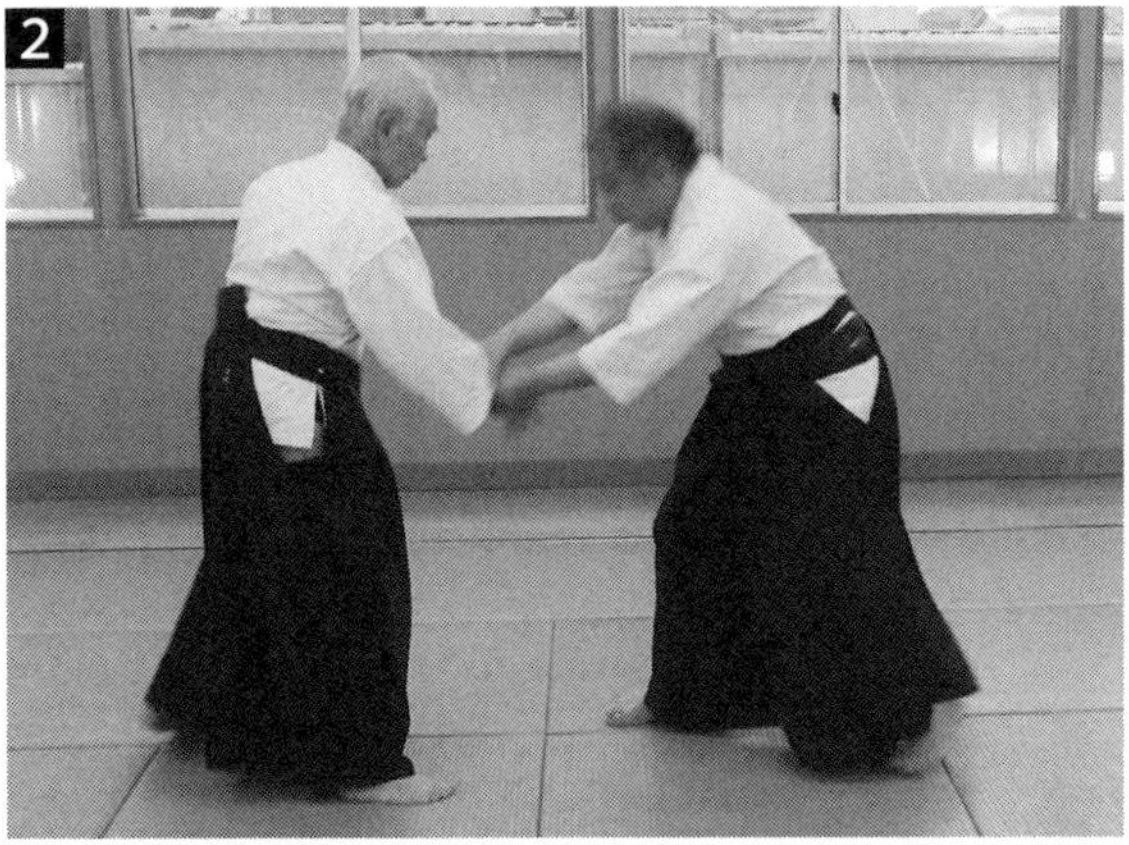

立合　諸手取

捻り投げ

相手がこちらの右手を両手で掴んだら、掴まれた右手を左方へ引き（写真3）、右回りに絡め上げ（写真4）、左足を踏み込みながら右回りに腰を切って前方へ投げる（写真4～6）

1

2

3

4

5

6

立合　首締

入身〜肩切り落とし

相手が両手でこちらの両襟を掴み、首を締めてきたところ（右手上の交差）、右手刀を相手の左手の下から右肩へ伸ばし（写真2）、右足で相手の左足を踏み押さえ（写真3）、切り下げて相手の背後に落とし倒す（写真4〜5）。

1

2

3

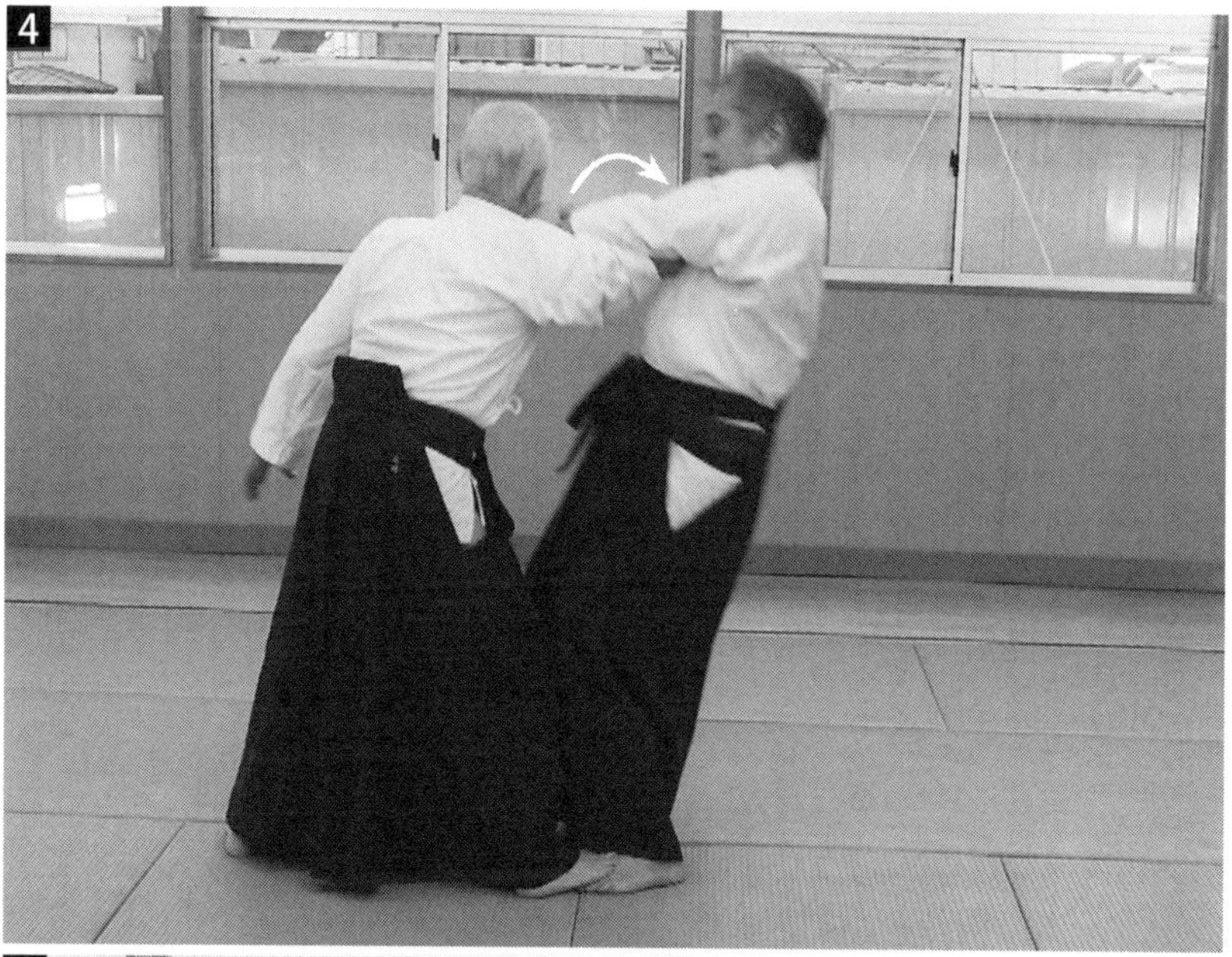
4

5

立合　首締

腕切り落とし

相手が両手でこちらの両襟を掴み、首を締めてきたところ（右手上の交差）、左を向き右手を下から相手の両手の間に入れ、振り上げる（写真2～3）。右足を踏み込みながら右手を前方に振り下ろして投げる（写真4）。

1

2

3

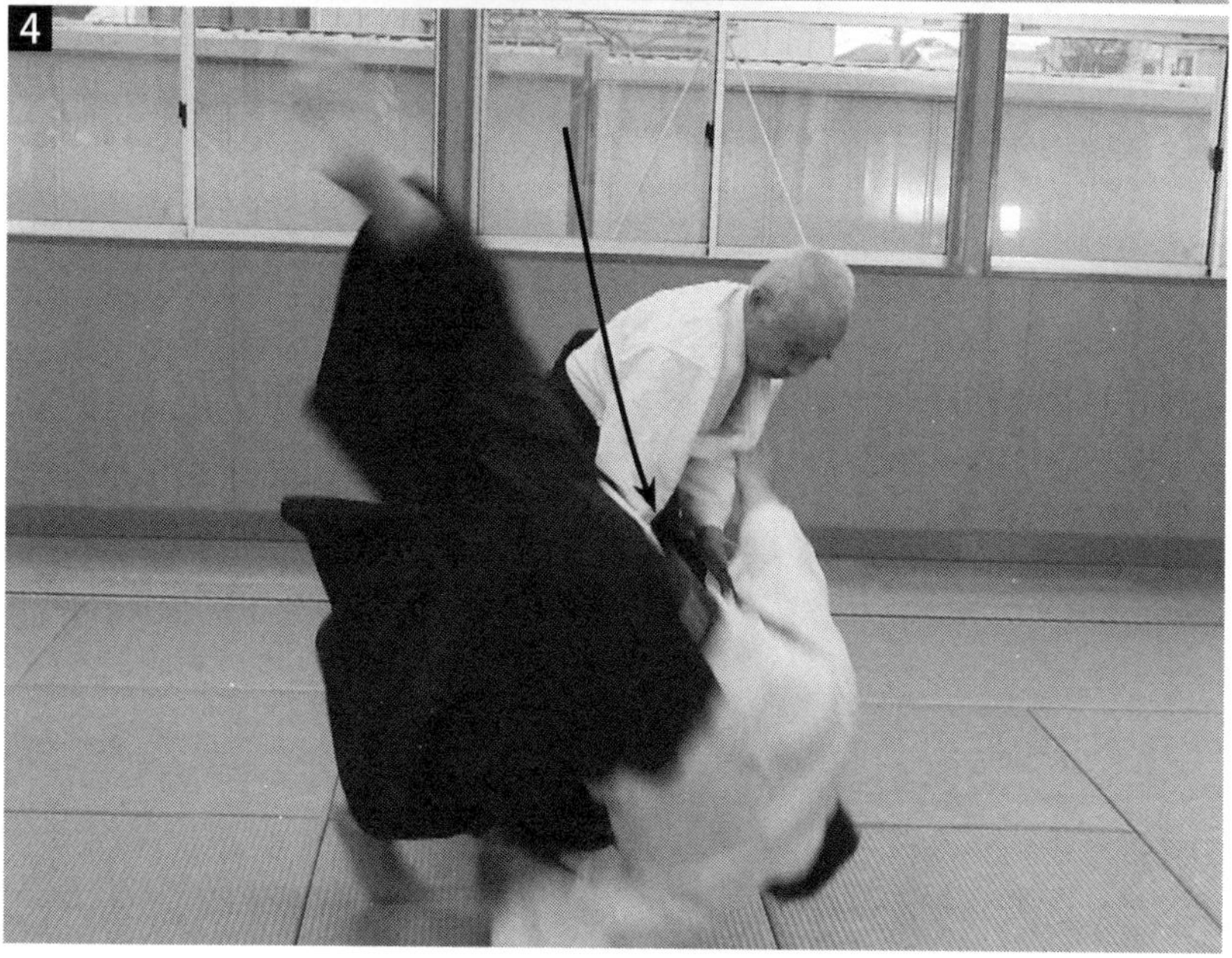
4

立合　首締

肩切り落とし

相手が両手でこちらの両襟を掴み、首を締めてきたところ（右手上の交差）、右手を相手の左手の下から左肩へ伸ばし（写真2～3）、腰を充分に落として、右足を相手左足の後ろへ踏み込みつつ（写真4）切り落として倒す（写真5～6）。

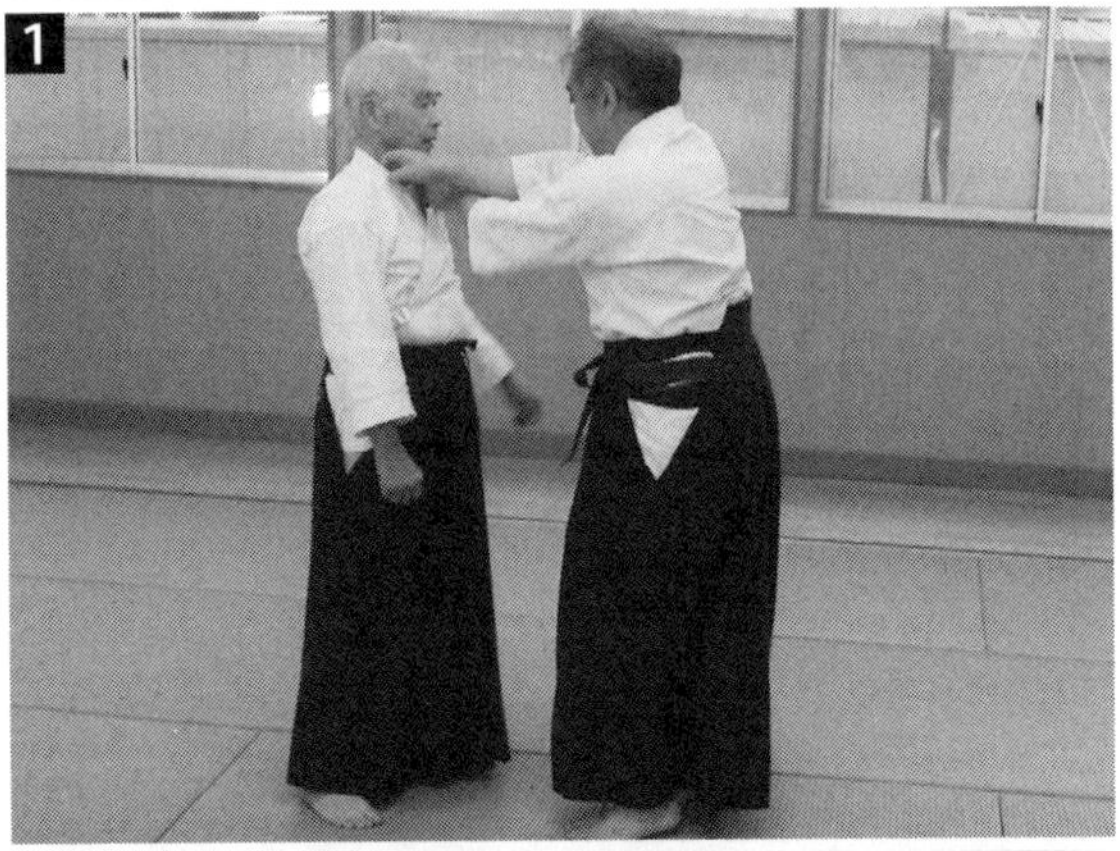

4

5

6

立合　首締

肘切り落とし

相手が両手でこちらの両襟を掴み、首を締めてきたところ（右手上の交差）、右手刀を相手左肘裏にかけて左手を添える（写真2）。両手で相手の左手を自分の胸元に引き付け、左を向き、右足を進めながら、両手と腰を左に振って投げる（写真3～6）。

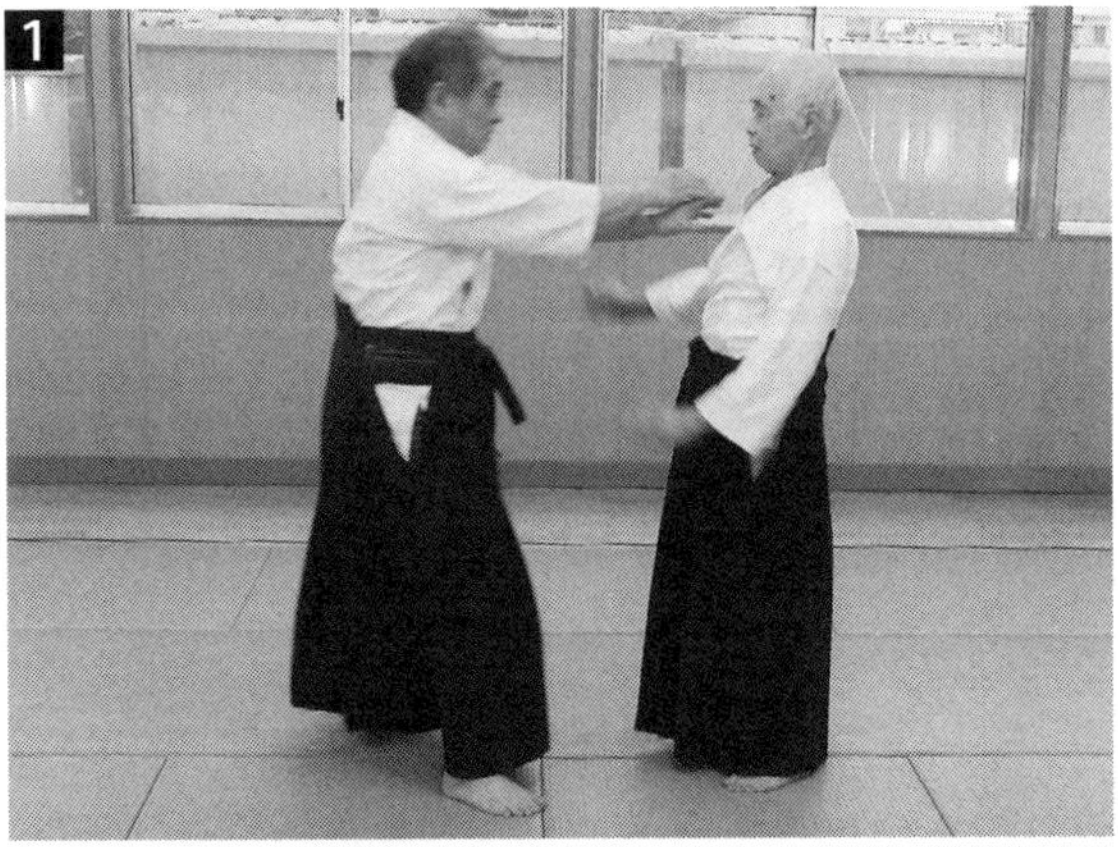

4

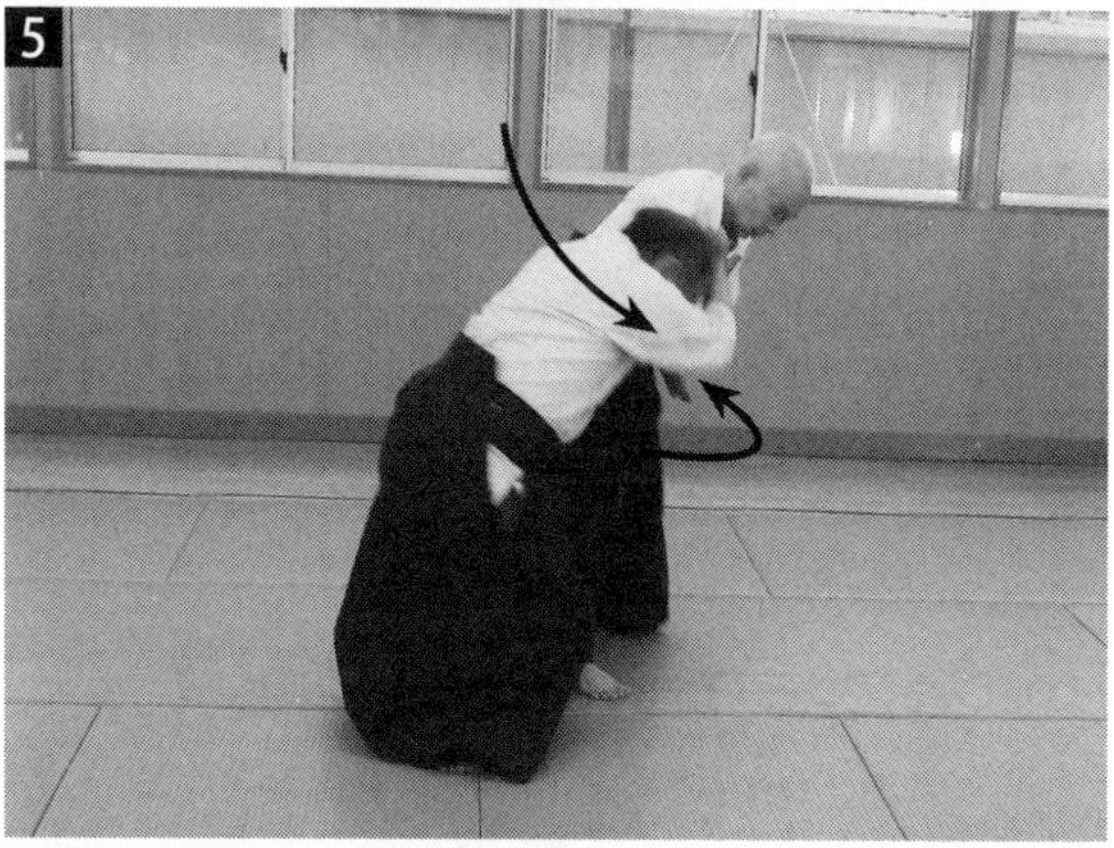
5

6

立合　首締

入身～打倒し

相手が両手でこちらの両襟を掴み、首を締めてきたところ（左手上の交差：逆十字締）、左足を右に寄せ、左を向きつつ右手を相手右手下に入れ（写真２）、右足を相手左足後ろに踏み込み（写真３）、相手右肘を右手で上げつつ左拳で顔面を打ち後方へ倒す（写真４～５）

1

2

3

4

5

立合　片手胸襟取

体変振り投げ

相手が右手でこちらの左胸襟を掴んだら、掴む瞬間をとらえ、右足を少し踏み出して左向きに体変し（写真2）、右足を支点に左足を回し引くコンパス様の体変で投げ放つ（写真3〜5）。※手を使わない投げ

1

2

3

4

5

立合　片手胸襟取

回り投げ

相手が右手でこちらの左胸襟を掴んだら、左を向いて右足を相手両足の間へ進み体を密着させる（写真3）。左足を引き、左回りに自分を中心に軸回転して体変更、相手を振り投げる（写真4～6）。※手を使わない投げ

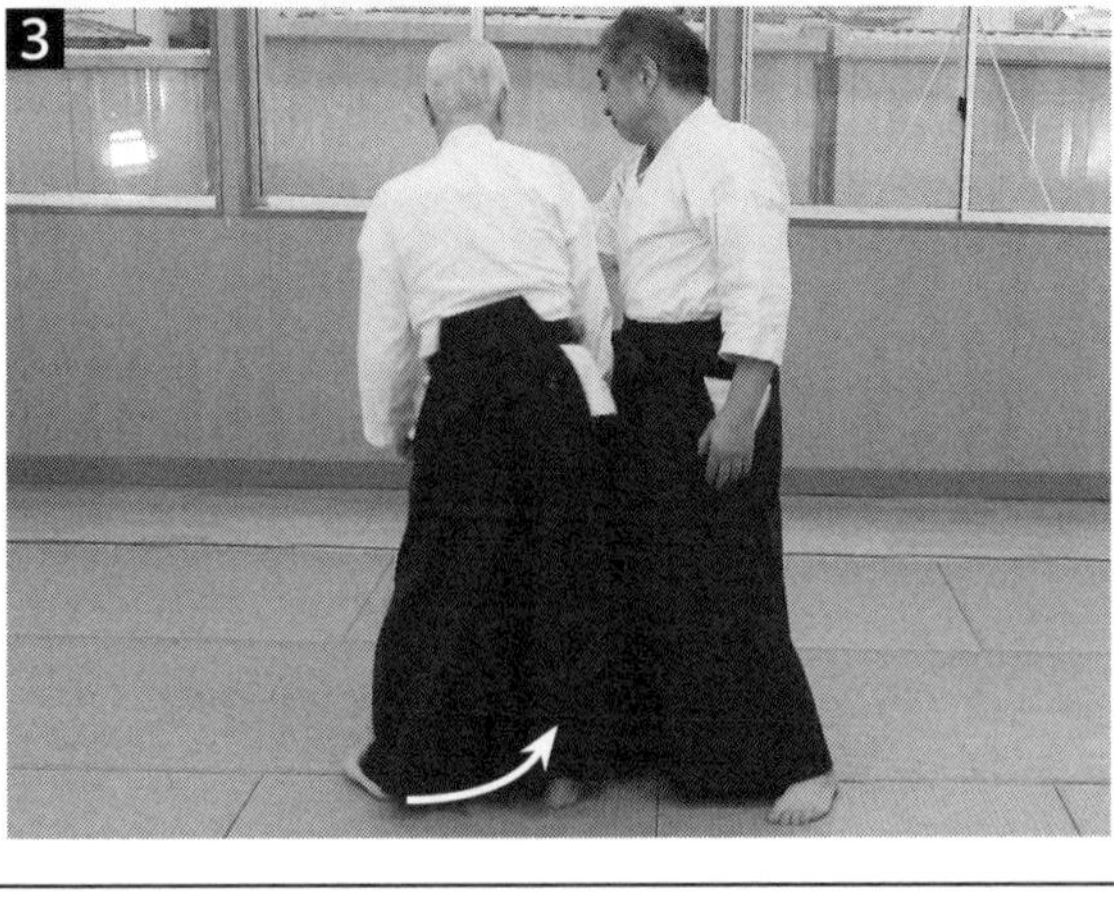

4

5

6

立合　片手胸襟取

入身肩投げ

相手が右手でこちらの左胸襟を掴んだら、左斜めに体を向け（写真3）、右足を大きく踏み出し、右肩を大きく前方へ振って投げる（写真4〜6）。※手を使わない投げ

4

5

6

立合　片手胸襟取

回し切り落とし

相手が右手でこちらの左胸襟を掴んだら、右手で相手の右手甲を押さえ（写真3）、右回転しながら、左手刀で相手右肘裏を切り落とす（写真3〜6）。

1
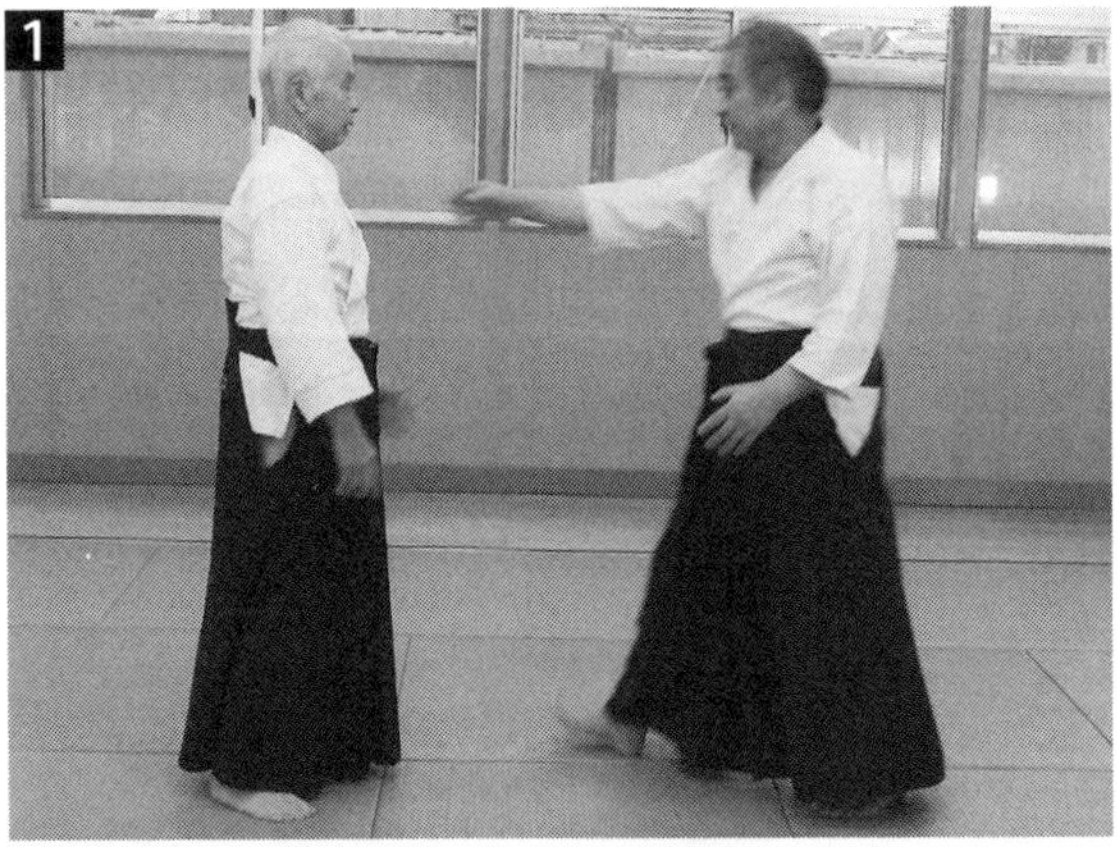

2

3

4

5

6

立合　片手袖取

取手絡め回り投げ

相手が右手でこちらの左袖を掴んだら、左手を内から外へ回し上げ（写真3）、絡めて引きつけ、左回りに〝コマの回転〟で投げる（写真4〜6）。

1

2
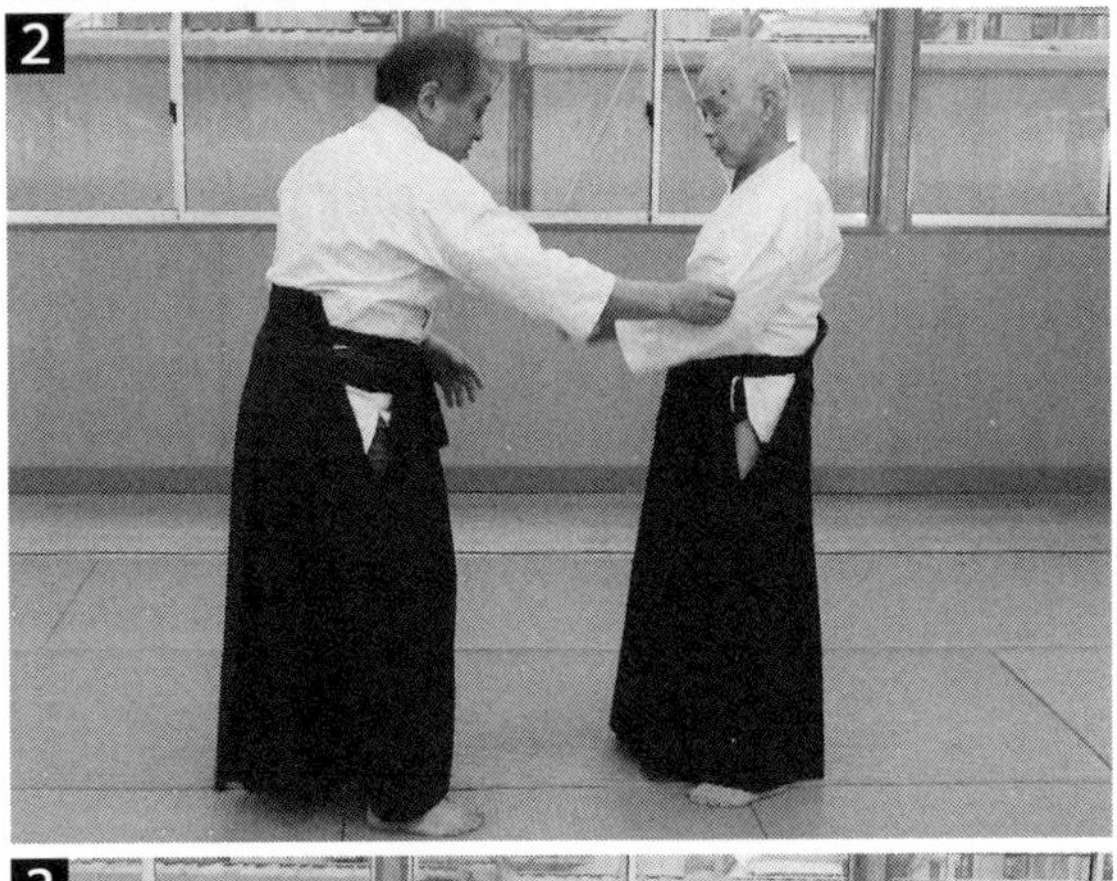

3
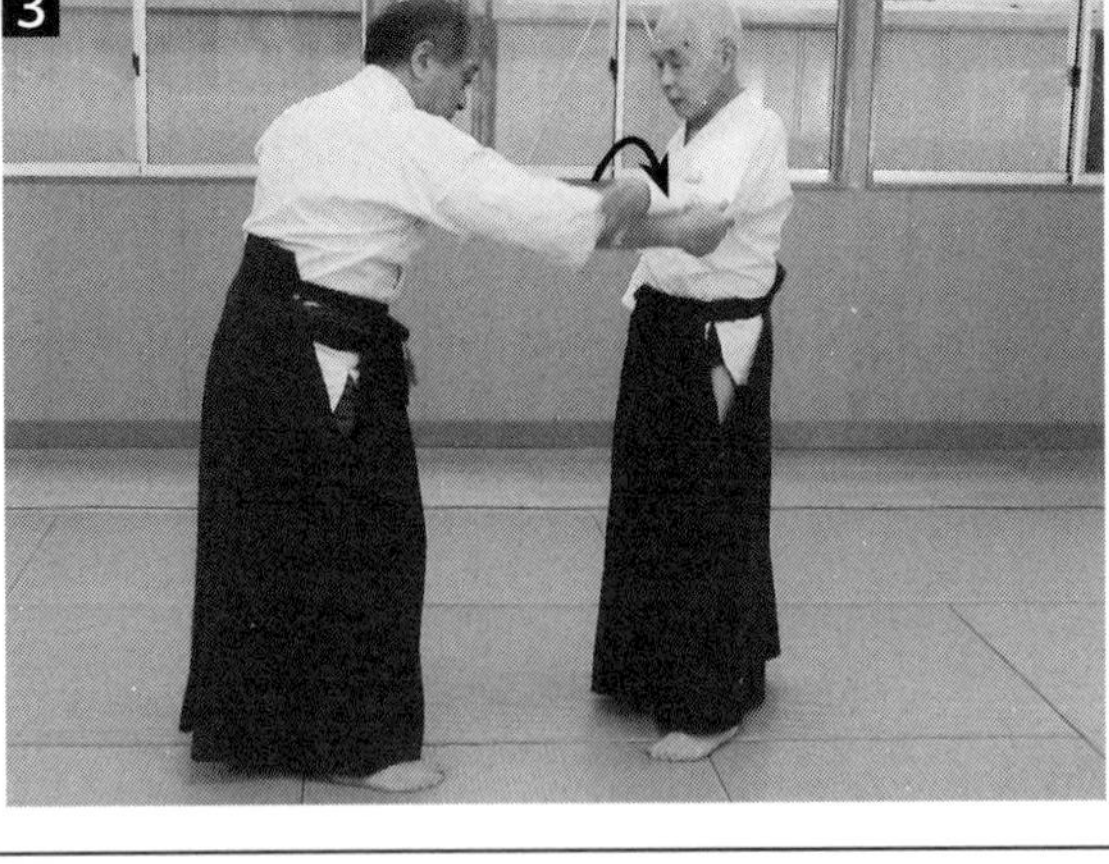

4

5

6

立合　片手袖取

取手押さえ～肘切り落とし

相手が右手でこちらの左袖を掴んだら、左手を外から内へ回し上げて左胸部へ引きつけ、左足を引きながら右手刀で相手肘裏を切り落として投げる（写真4～6）。

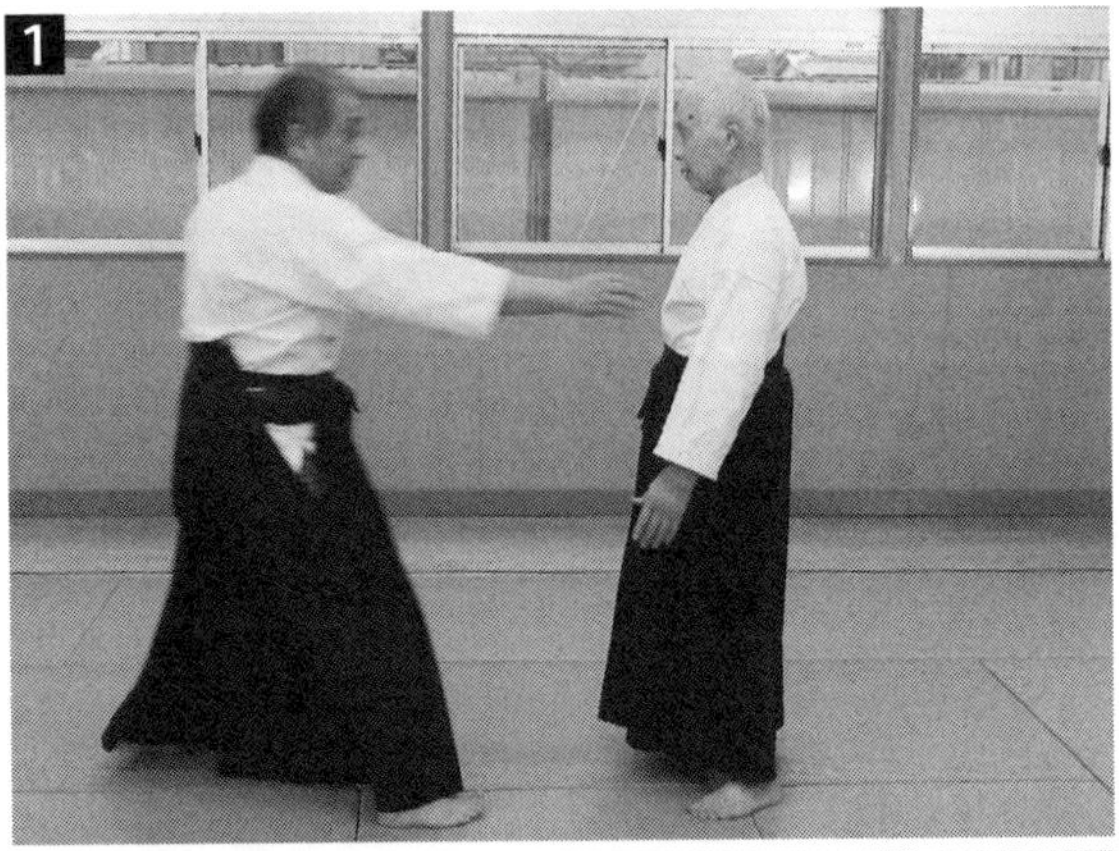

4

5

6

立合　片手袖取

取手絡め～顎回し投げ

相手が右手でこちらの左袖を掴んだら、左手を外から内へ回し上げて絡め（写真3）、左足を引いて〝コンパス〟様に左回りに体変更しながら、右手で顎をとらえて回し投げる。（写真4～6）

4

5

6

立合　片手袖取

取手とらえ～引き落とし

相手が右手でこちらの左袖を掴んだら、左手で左方から相手の右手を巻き押さえながら引きつける。右手刀を自分の左手に重ね、両足を引きながら両手で〝前三角点〟に引き落とす。

4
5
6

立合　片手袖取

足切り払い

相手が右手でこちらの左袖を掴んだら、左手で左方から相手の右手を巻き押さえ（写真2〜3）、引きつけながら右足から左斜めに踏み込みつつ左回りに体変更し、相手の右足を右手刀で切り払い、投げる（写真4〜6）。

4

5

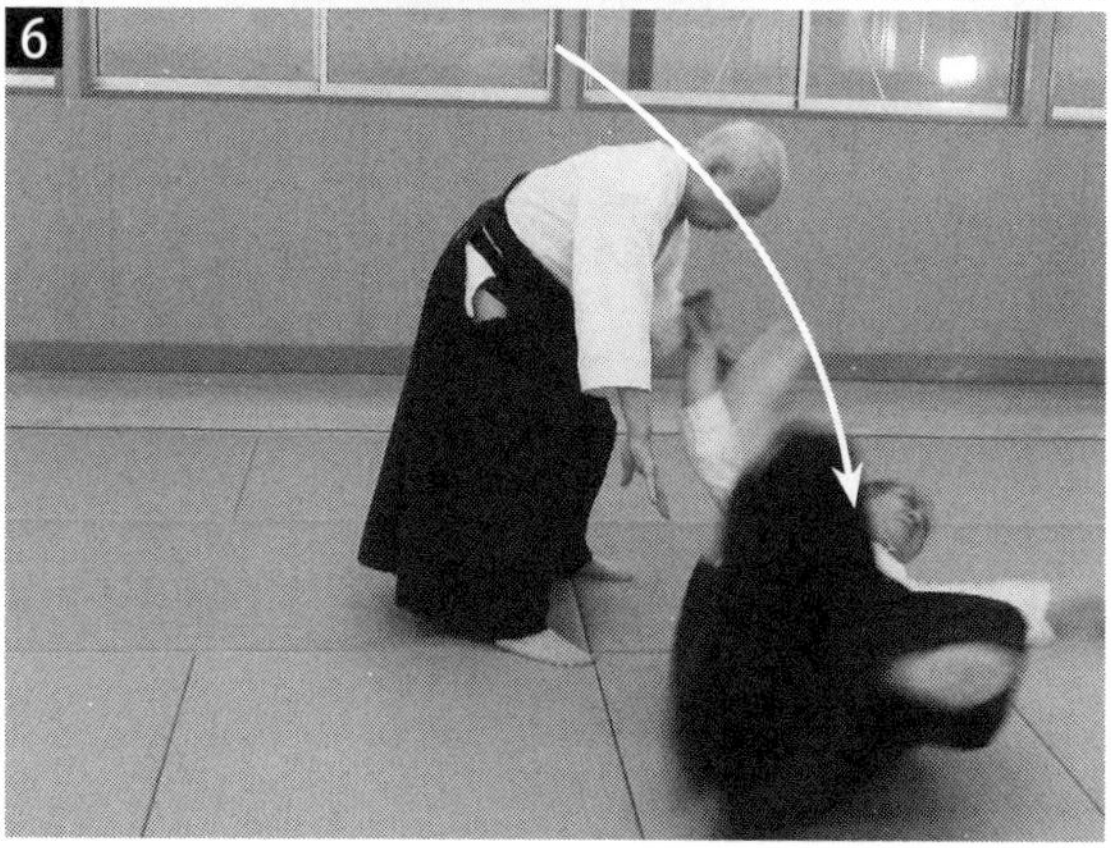
6

立合　両袖取

絡め反転投げ

相手がこちらの両袖を掴んだら、左足から右斜め前に踏み込みながら、左手を相手左腕下を通しつつ両手を右方へ振り上げる（写真2）。相手を反転させるように自身は180度体変して投げ落とす（写真3～4）。

1

2

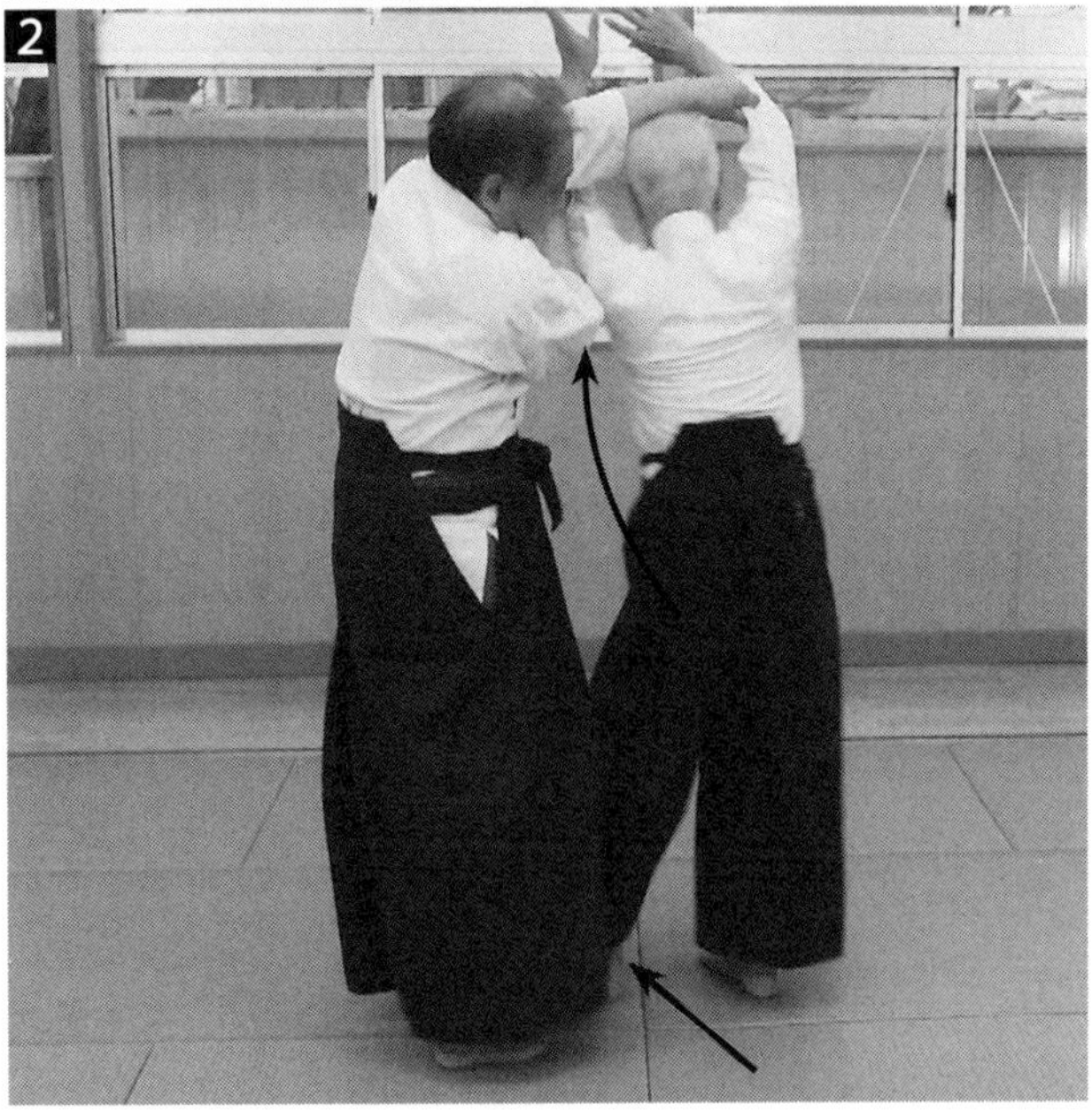

3

4

立合　両袖取

両手絡め〜引き落とし

相手がこちらの両袖を掴んだら、両手を前方内へ大きく回して（写真3）、体を引き、相手を前方へ引き落とす（写真4〜5）。

4

5

立合　両袖取

内回し絡め手〜入身〜腰切り投げ

相手がこちらの両袖を掴んだら、右手刀を立て、相手の左手を引きつける（写真3）。左足から右斜め前に踏み込みながら相手の左腰を左手刀で切って後方へ倒す（写真4〜6）。

1

2

3

4

5

6

立合　両袖取

外回し絡め手〜入身〜足切り投げ

相手がこちらの両袖を掴んだら、左手を内から外へ回し上げて絡め（写真3）、右足を左斜め前に踏み込みつつ、右手刀で相手右足を切って前方へ投げる（写真5〜6）。

4

5

6

立合　袖胸取

肘引き落とし

相手が右手でこちらの左襟を、左手で右袖を掴んだら、左手を外から内へ回し上げて（写真3）、相手右肘裏にかけ右手を添え（写真4）、右足を引きながら両手で右後方へ引いて投げる（写真4～6）。

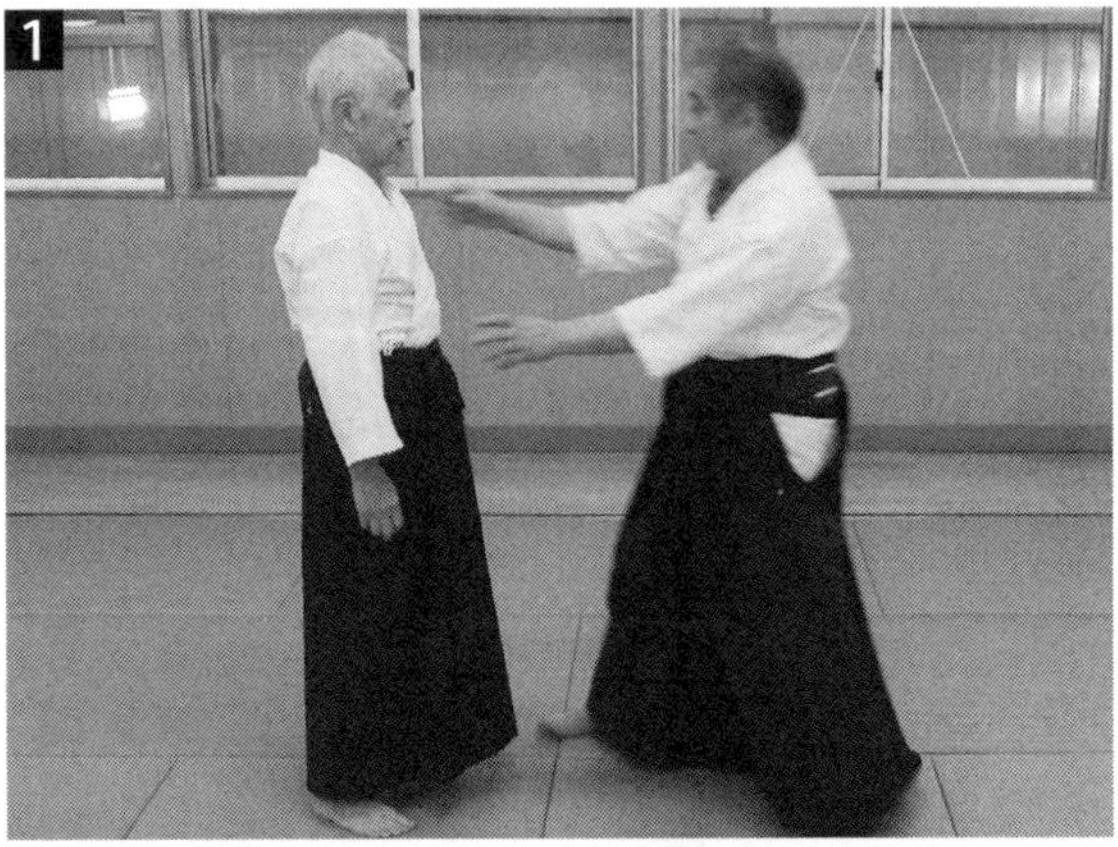

4

5

6

立合　袖胸取

肘裏打ち〜喉打ち倒し

相手が右手でこちらの左襟を、左手で右袖を掴んだら、両手を外から内へ回し上げて相手肘裏を打ち右足で相手左足を踏み押さえて（写真3〜4）、両手を十字にして相手の喉を突いて倒す（写真5〜6）。

1

2

3

4

5

6

立合　胸取正面打

潜り後方倒し

相手がこちらの右襟を左手で掴み、右手で正面打ちにきたところ、手刀打ちを右方へかわしながら、右足を相手の左足後ろへ踏み込み（写真2～3）、右腕を相手右腕の下に伸ばし後方へ振り上げ、右後ろに倒す（写真4）。

1

2

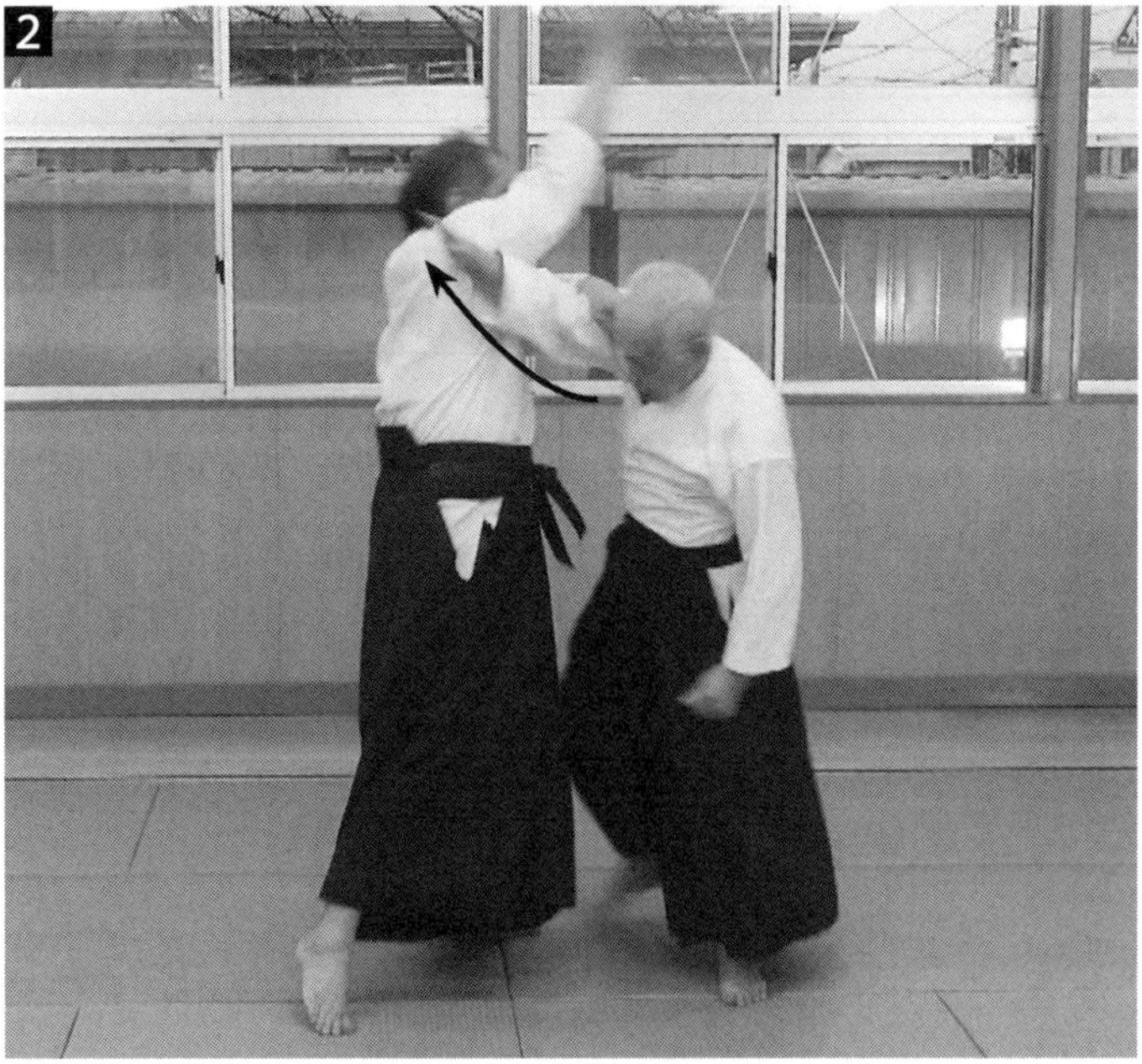

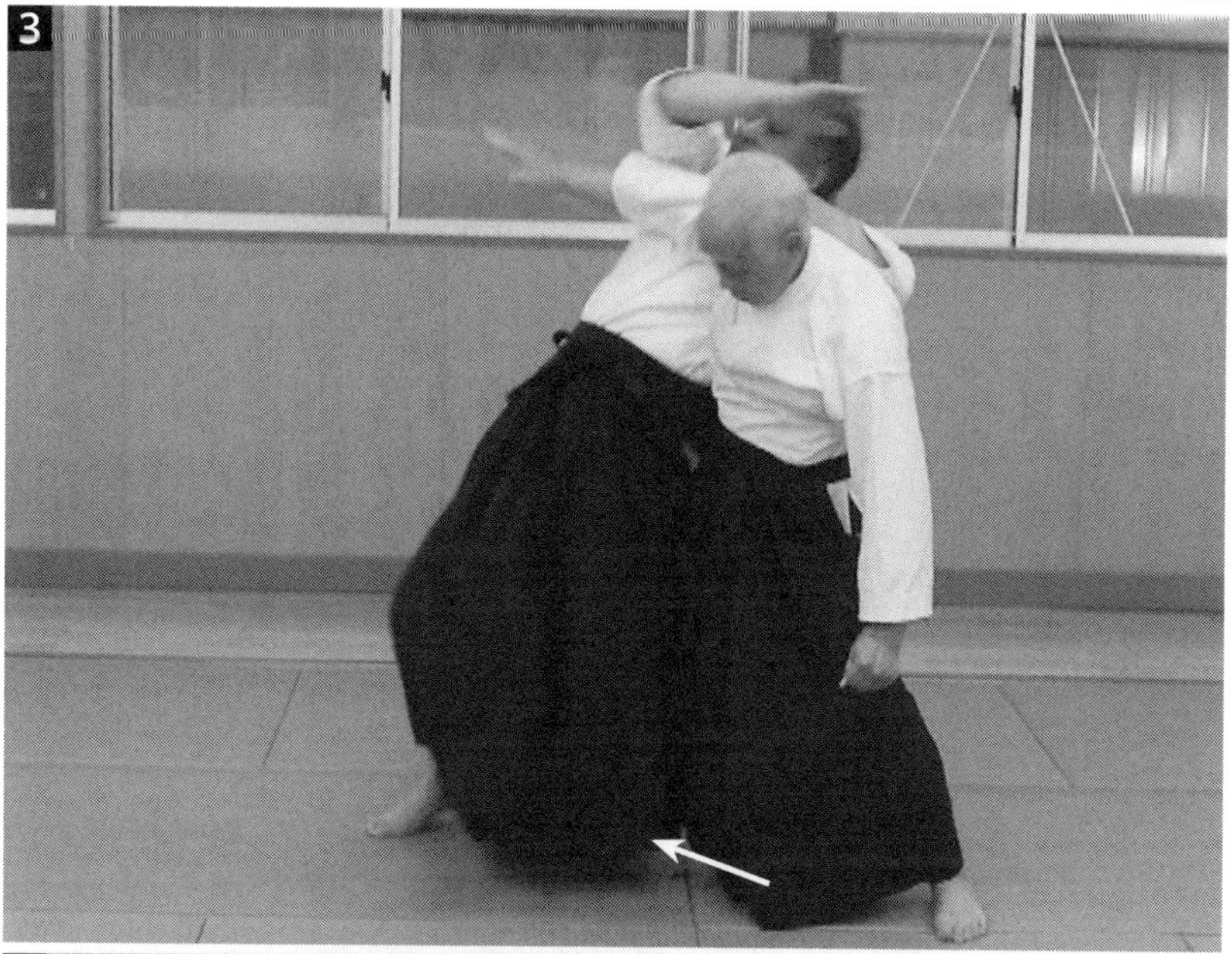
3

4

立合　胸取正面打

回り逸らし投げ

相手がこちらの右襟を左手で掴み、右手で正面打ちにきたところ、打たんとする瞬間に頭を下げ左を向き右足を相手の右に踏み込ませ（写真3）、自分を軸とする左回りの〝コマ回転〟様に体を捌き、打ち込んできた相手の力を利用して投げる（写真4〜5）。

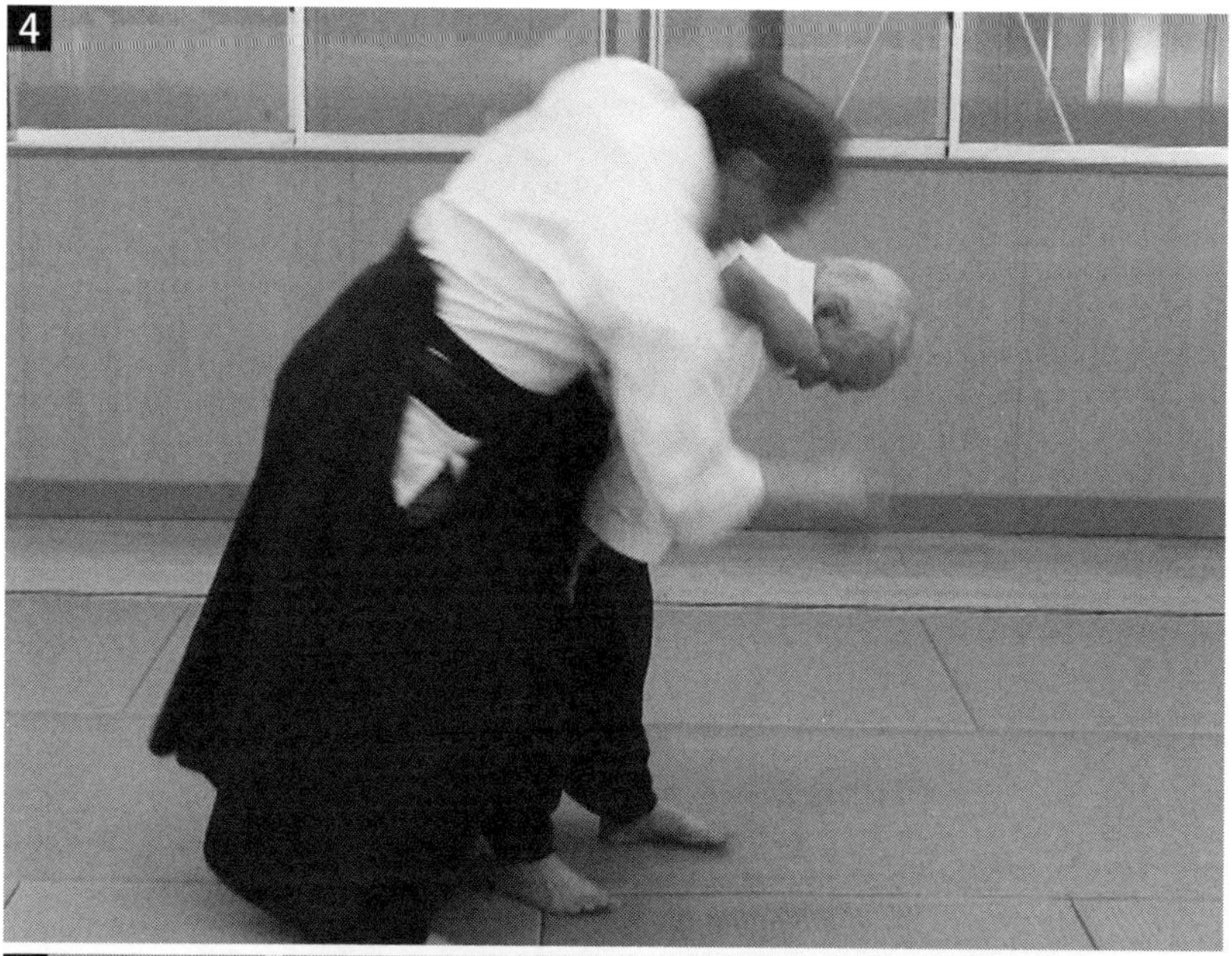
4

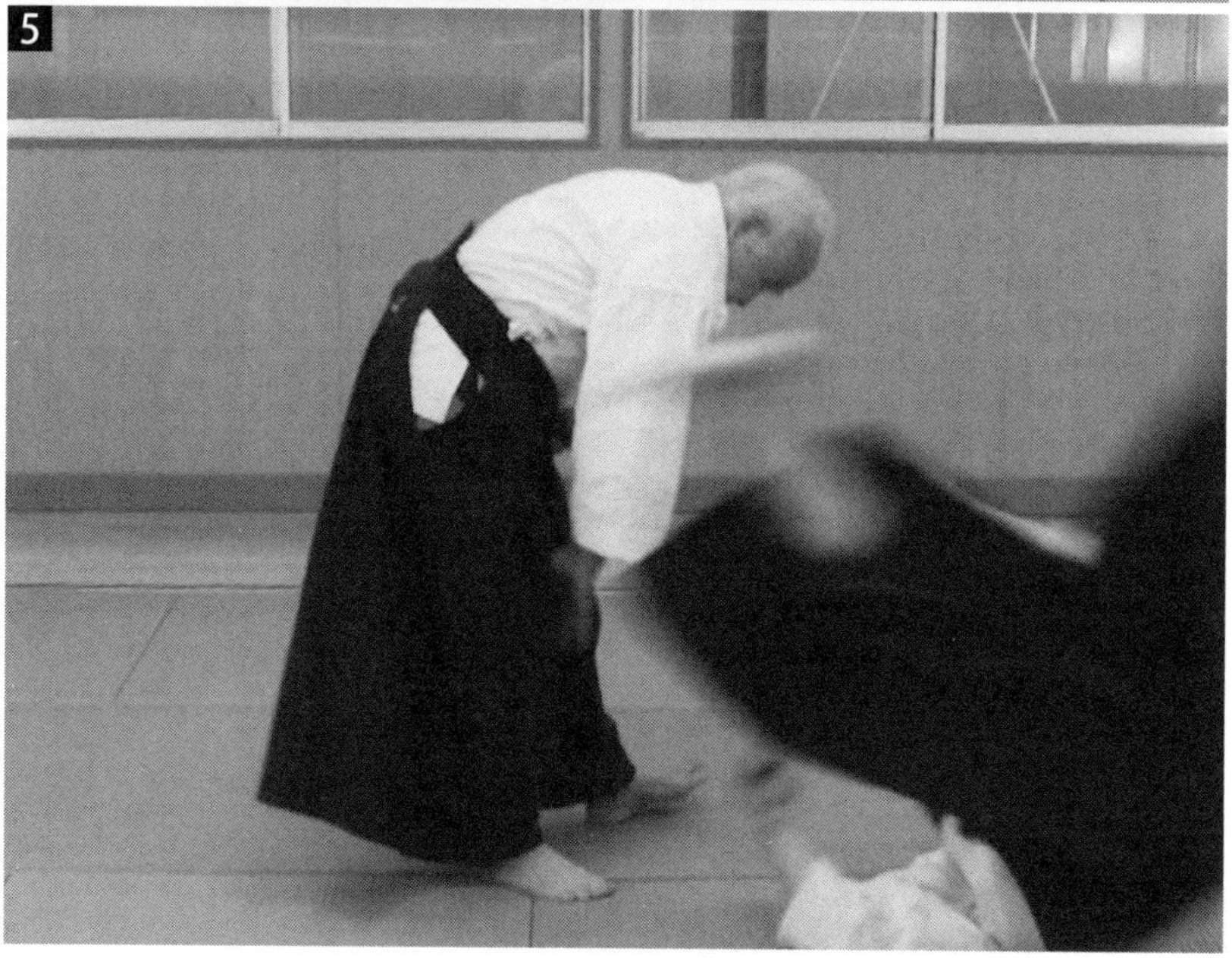
5

立合　胸取正面打

腰切り落とし投げ

相手がこちらの右袖を左手で掴み、右手で正面打ちにきたところ、頭を下げ手刀打ちを左方へかわしながら右足を左前方へ進め（写真3～4）、右手刀で相手の右下腿を切り落として投げる（写真4）。

1

2

3

4

5

立合　片手取正面打ち

潜り～腋下打ち上げ倒し

相手がこちらの右袖を左手で掴み、右手で正面打ちにきたところ、頭を下げ手刀打ちを右方へかわしながら右足を相手左足後ろに踏み込み、（写真3～4）、右手刀で相手右腋下を打ち上げて後方へ倒す（写真5～6）

4

5

6

立合　片手取正面打ち

回り投げ

相手がこちらの右手首を左手で掴み、右手で正面打ちにきたところ、打たんとする瞬間、頭を下げ入身して、右回りに180度体変更し相手に接する（写真2〜4）（この間に右手を相手の左手に絡み引き付ける）。引き続き体転換しながら相手を振り投げる（写真5〜6）。

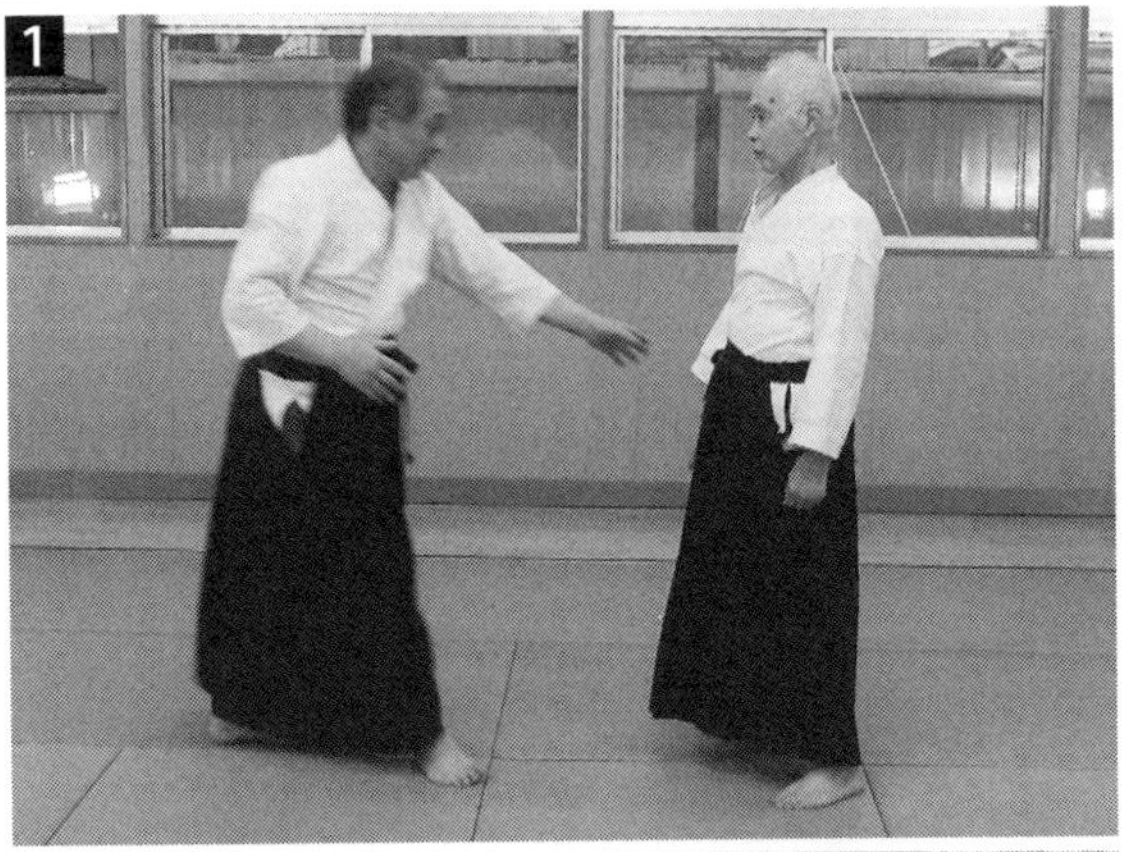

4

5

6

立合　片手取正面打ち

入身〜押し倒し

相手がこちらの右手首を左手で掴み、右手で正面打ちにきたところ、打たんとする瞬間身をかがめつつ左足から左方へ入身して（写真3〜4）、相手の右足後ろに左足を着き、左手で相手頸部を押して倒す（写真5〜6）。

1

2

3

4

5

6

立合　片手取正面打ち

四方投げ裏

相手がこちらの右手首を左手で掴み、右手で正面打ちにきたところ、右手を左方へ振り上げ左回りに１８０度体変更して左手を振り下ろす（四方投げ裏）（写真２～６）。

4

5

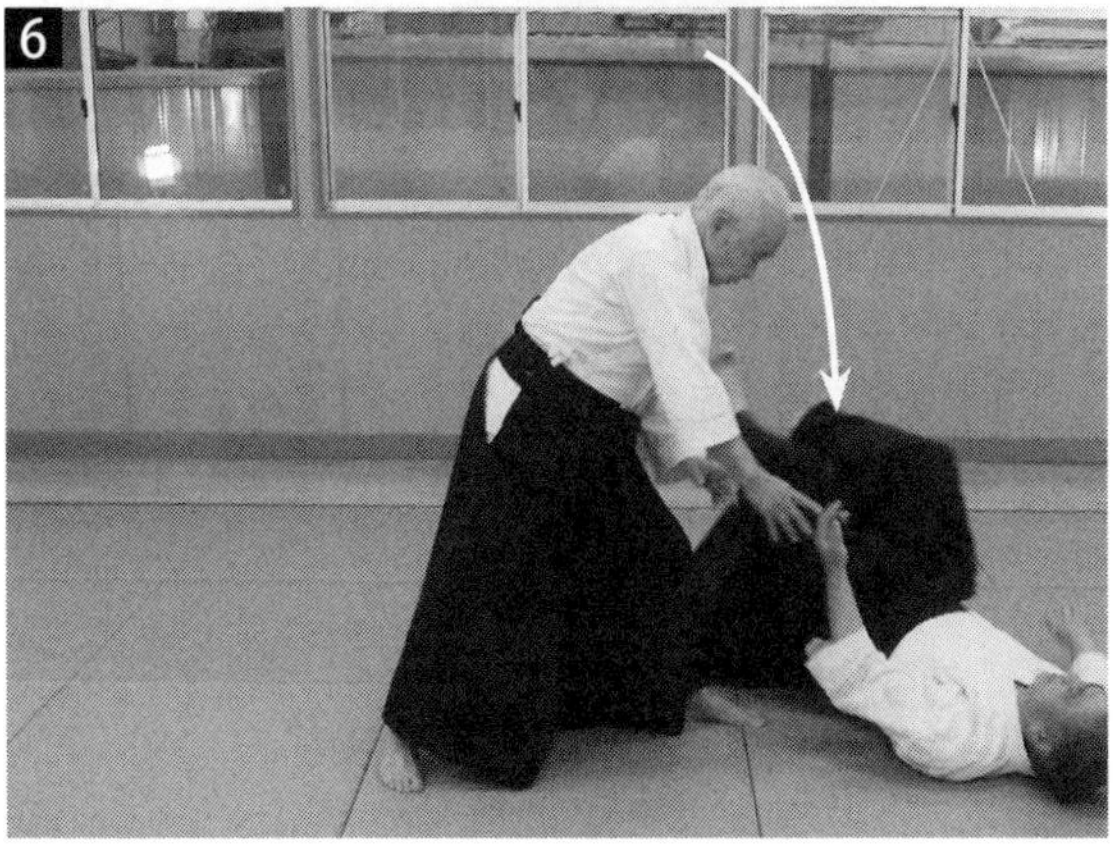
6

立合　片手取正面打ち

巻き込み受け～回転投げ

相手がこちらの右手首を左手で掴み、右手で正面打ちにきたところ、打たんとする瞬間、右手を左「カイナ返し」して相手の左手に巻き絡む（写真2～3）。右足を相手の左足後方へ進めながら、右手に絡んだ相手の左手を背に沿って押し上げ、左手刀で後頸部を打つ（写真4～6）。

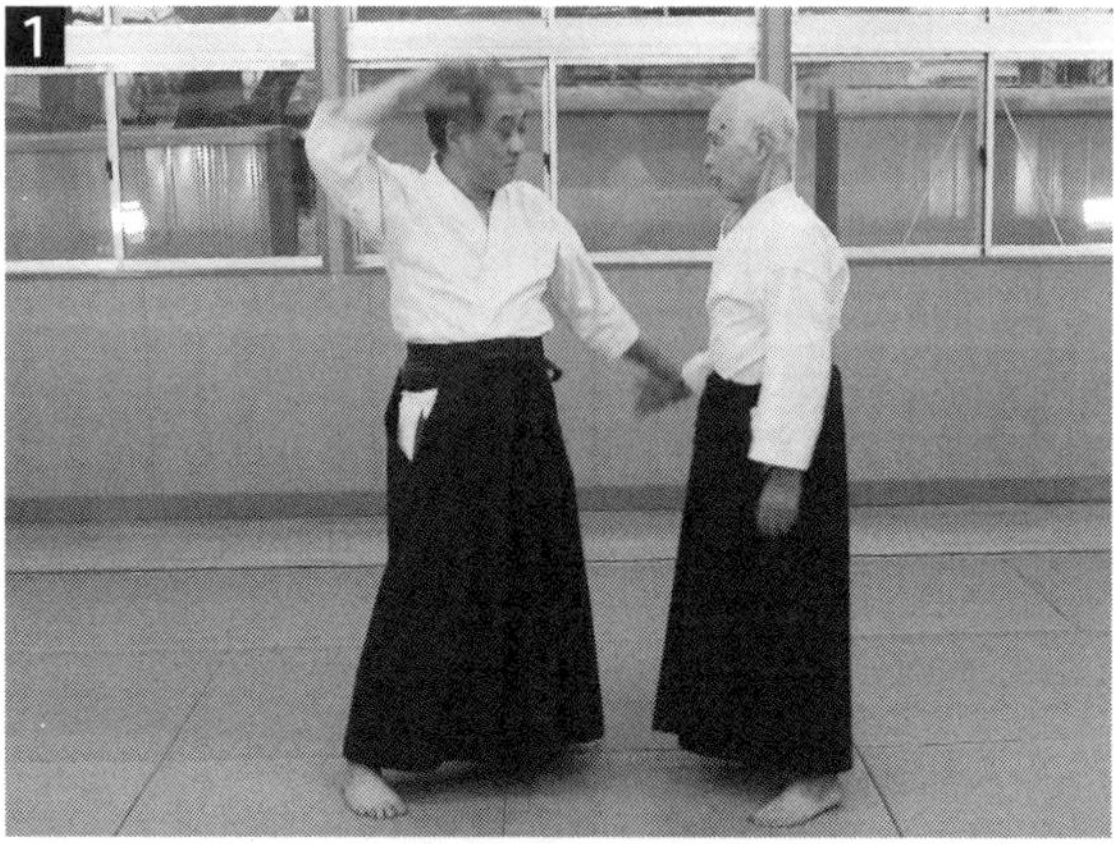

4

5

6

第5章

合気投げ　技法編3

後捕

本章では背後から掴みかかられる「後捕」の技法群をご紹介していきます。

ここまでの座捕、半座半立、立合の技法写真では、掴む直前の状態と掴んだ瞬間の両方の写真を掲載していました。それは、ここでの技法例中では入れませんでしたが、実際にはこの瞬間にこそ崩し、すなわち「合気」が介在するからです。しかし、「後捕」においては背後から掴みかかられるため、その瞬間に合わせた操作は事実上不可能です。よって、掴まれてしまった状態から始まります。

合気上げは鍛錬法として行う上では、「すでに掴まれてしまっている最悪の状況」を打破する想定です。いわば〝それでも何とかできるか〟という起死回生の操作です。「後捕」でも似た次元の技法、操作が求められます。

そして、「掴まれてしまった、それを利用する」という合気投げの原則を、この上なく純粋に体現するものです。また、後捕は前提こそ絶望的に不利な状況ですが、特に相手が両手を使って攻めてきた時などは、わずかな体転、捌きによって相手自身の腕が絡むなど、相手を著しく不自由な状況に変化させてしまう妙もあります。それを利用するのも、まさに合気投げです。

分類は、以下の5種です。

(1) 立襟取
(2) 両肩取
(3) 両肘取
(4) 抱締
(5) 両手取
(6) 後襟片手取

後捕　立襟取

右回り振り返り～引き落とし振り投げ

相手が背後から右手でこちらの後襟を掴んできたところ、右回りに１８０度体変更して、右手で相手の右手を巻き絡み、体に引きつけ押さえ（写真２～３）、左手刀で相手の右上腕を切り下げつつ右方へ投げる。

4

5

6

後捕　立襟取

左廻り振り返り〜腕とらえ振り投げ

相手が背後から右手でこちらの後襟を掴んできたところ、左回りに１８０度体変更して、左手を相手の右手に上から巻き絡み（写真２〜３）、左肩を左方へ振って投げる（写真４〜５）。

4

5

後捕　立襟取

左回り振り返り～引き落とし振り投げ

相手が背後から右手でこちらの後襟を掴んできたところ、左回りに１８０度体変更して相手右腕をくぐり（写真２）、右手を相手左肩へのばし左「カイナ返し」、左手で相手腰を抜いて後ろに倒す（写真３～６）。

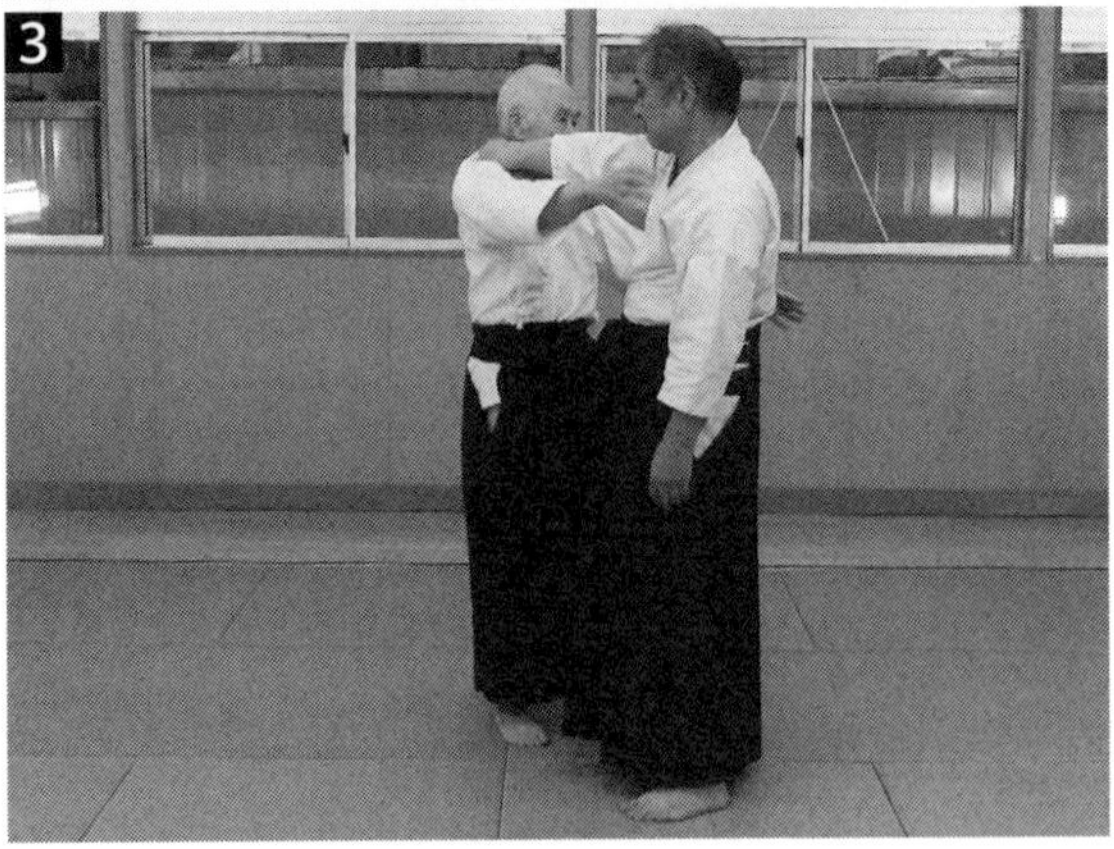

4

5

6

後捕　立襟取

右回り振り返り～引き落とし振り投げ

相手が背後から右手でこちらの後襟を掴んできたら、右回りに１８０度体変更して相手右腕をくぐり（写真２）、左手で相手右手を固定しつつ右手で相手顎を突き倒す（写真３～６）。

4

5

6

くぐり下がり～両腕とらえ振り投げ

相手が背後からこちらの両肩を掴んできたところ、左足を右斜め後ろに引いて相手右手をくぐり（写真2）、結果として交差した状態になった相手両腕を左右の手刀でとらえ、右に振り投げる（写真3～5）

1

2

3

4

5

後捕　両肩取

腋下打ち上げ倒し

相手が背後からこちらの両肩を掴んできたところ、左足を右斜め後ろに引いて左を向き（写真2）、さらに左足を相手の後ろに踏み込みながら左手で相手の左腕の下を左手刀で打ち上げ倒す（写真3〜4）。

1

2

3

4

後捕　両肩取

右回り振り返り〜両肘引き落とし

相手が背後からこちらの両肩を掴んできたところ、右回りに体変更し相手左手をくぐり（写真2）、結果として交差した状態になった相手両腕の肘裏に左右の手を上からかけ、引き落とす（写真3〜5）。

4

5

後捕　両肩取

右回り振り返り〜片肘振り投げ

相手が背後からこちらの両肩を掴んできたところ、右回りに体変更し相手左手をくぐり（写真2）、結果として交差した状態になったうちの下側になる左手の肘裏に両手をかけ、左下方に振り投げる（写真3〜5）。

4

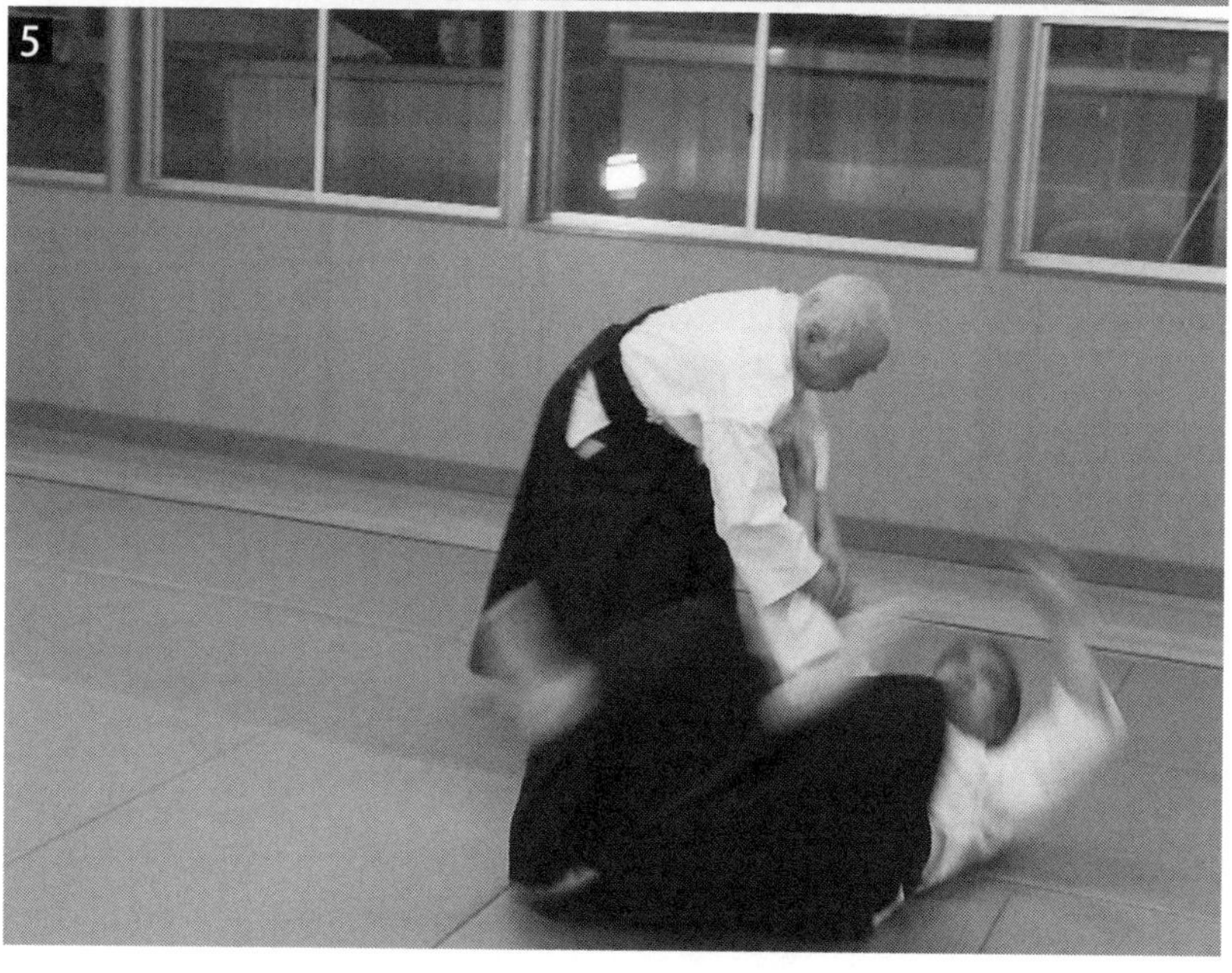
5

後捕　両肘取

左回り振り返り〜引き落とし振り投げ

相手が背後からこちらの両肘袖を掴んできたところ、右手を前方へ振り上げ（写真2）、左足を右斜め後ろに引きつつ相手の右腕をくぐり（写真3）。右手で相手右手を自分の体に引きつけ、左手刀で相手右上腕を押さえ、右前方へ投げる（写真5〜6）。

1

2

3

4

5

6

後捕　両肘取

左回り振り返り～顎打ち倒し

相手が背後からこちらの両肘袖を掴んできたところ、右手を前方へ振り上げつつ左回りに相手の右手をくぐり１８０度体変更する（写真2～3）。結果として交差した相手両腕に左手を添え制御し、右足で相手左足を踏み押さえ（写真4）、右手で顎を突き倒す（写真5～6）。

4

5

6

後捕　抱締

両肩合気上げ〜腕切り下し投げ

相手が背後からこちらの両腕上から締め付けてきたところ、両肩合気上げ（写真2）。右手で相手右手をとらえつつ相手右脇へ抜け、右手で相手右腕をとらえ、左手で相手右上腕を切り下して投げる（写真3〜6）。

4

5

6

後捕　抱締

両肩合気上げ～喉打ち押し

相手が背後からこちらの両腕上から締め付けてきたところ、両肩合気上げ（写真2）。相手右脇へ抜けながら右手で相手の右手を巻き抱え（写真4）、左手刀で相手喉を打って倒す（写真5～6）。

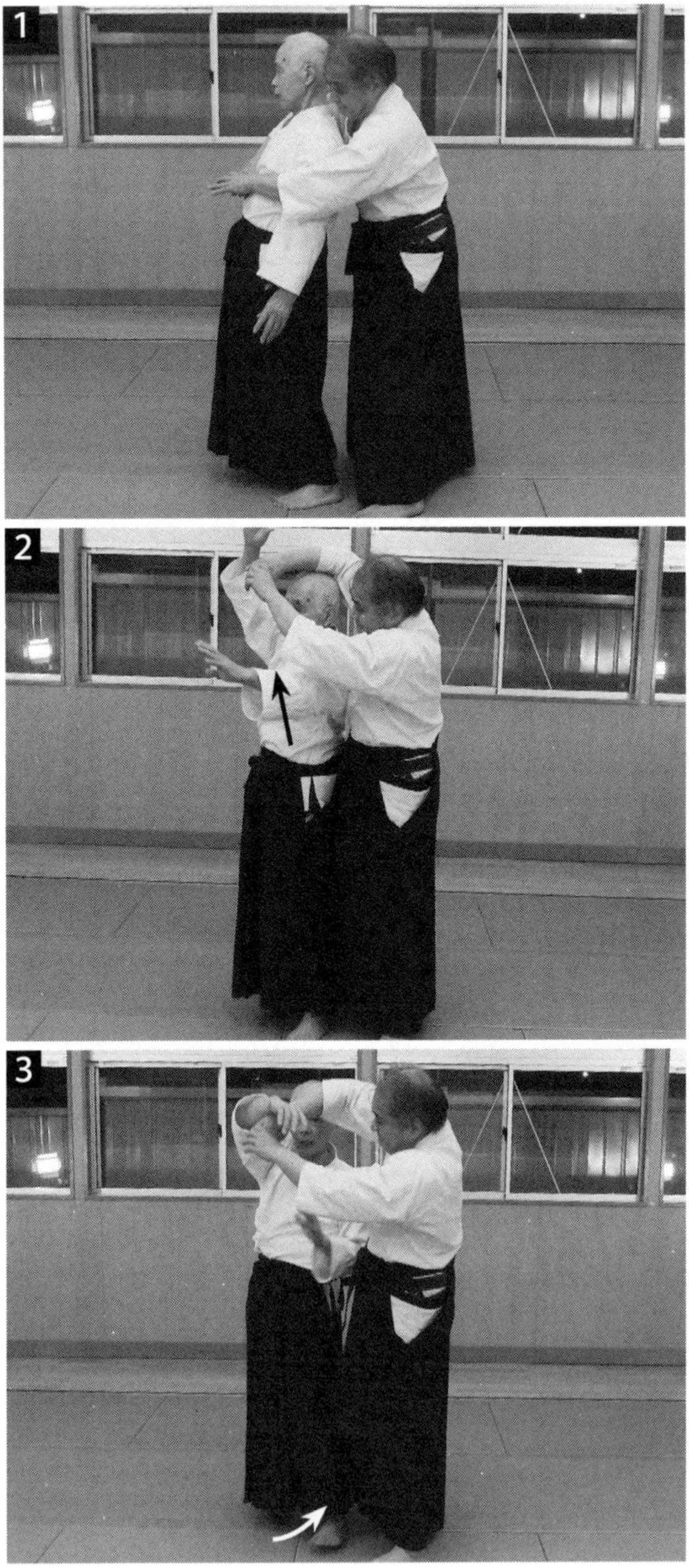

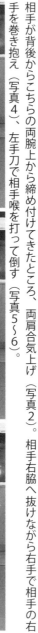

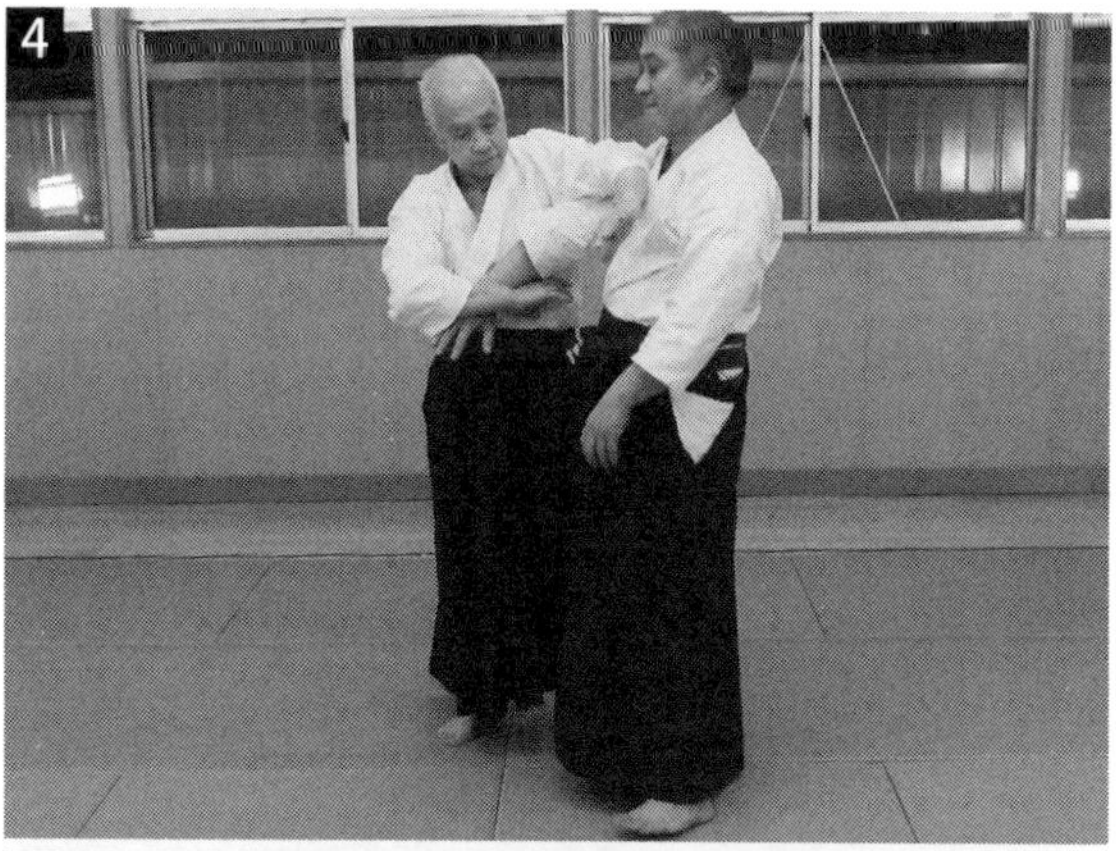
4

5

6

後捕　両手取

合気上げ～前方振り投げ

相手が背後からこちらの両手を掴んできたところ、合気上げし前上方へ、相手両腕を絡める（写真2）。右足を左斜め後に下げつつ相手左腋をくぐり抜け（写真3）、絡ませた相手両腕を前方へ振って投げる（写真4～6）

1

2

3

4

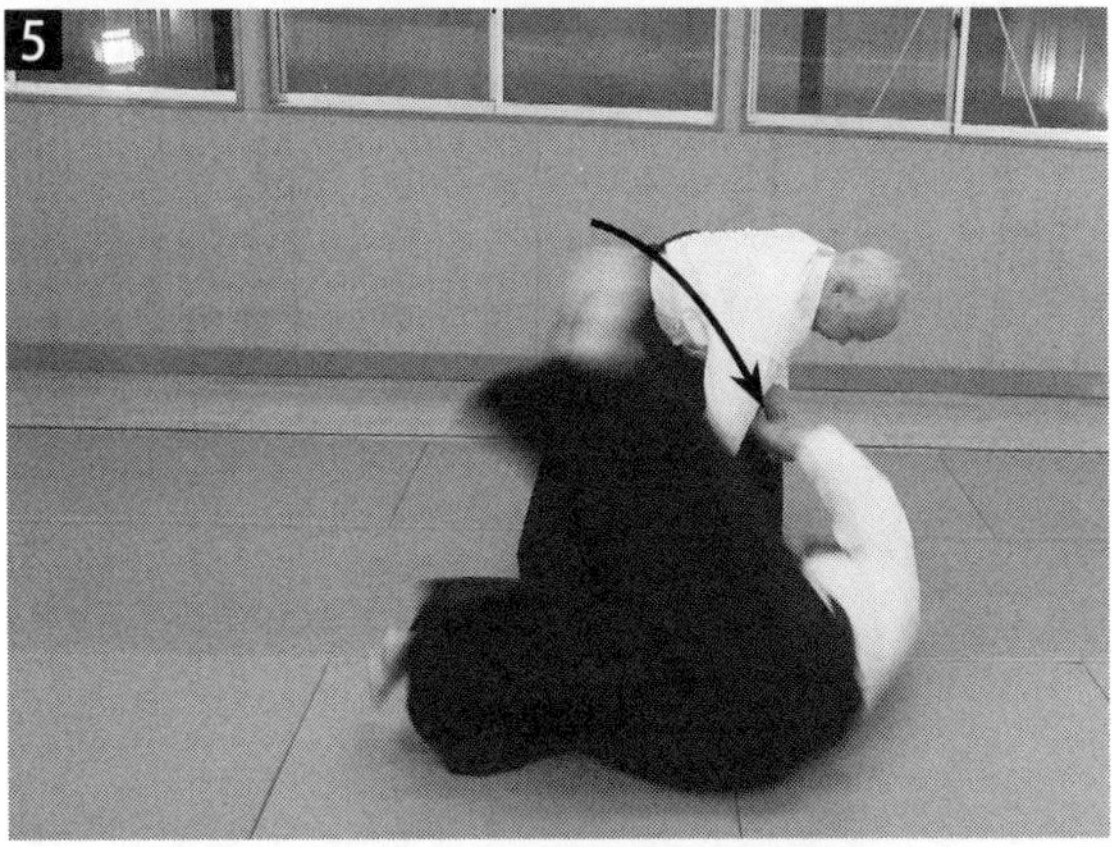
5

6

後捕　両手取

合気上げ〜背負い投げ

相手が背後からこちらの両手を掴んできたところ、合気上げし（写真2）。相手両手を左上方に誘導して、背負い投げ（写真3〜5）。

1

2

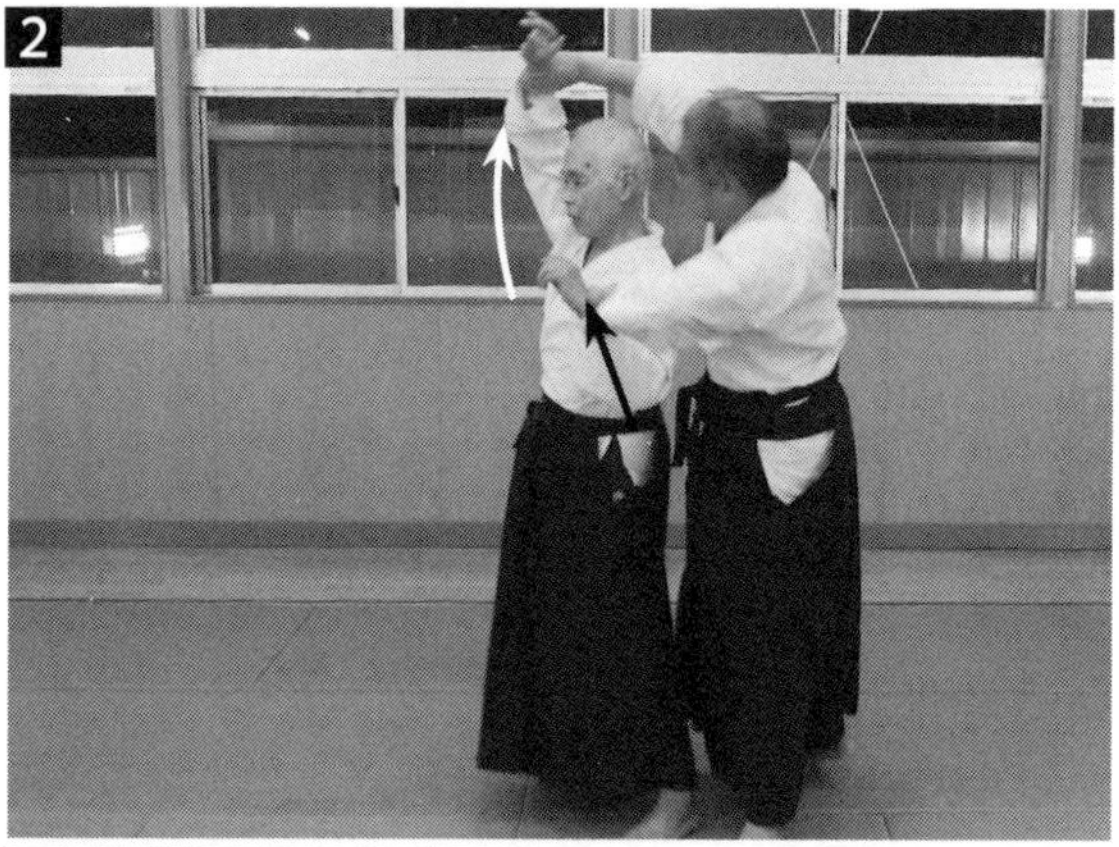

3

4

5

後捕　後襟片手取

片手合気上げ〜腋打ち上げ倒し

相手が背後から右手でこちらの後襟を、左手でこちらの左手を掴んできたところ、左合気上げし右足を左斜め後ろに下げつつ、相手左脇に抜ける（写真2〜4）。相手の左手を引いて引き付け、右手刀で相手右腋下を打ち上げ倒す（写真4〜6）。

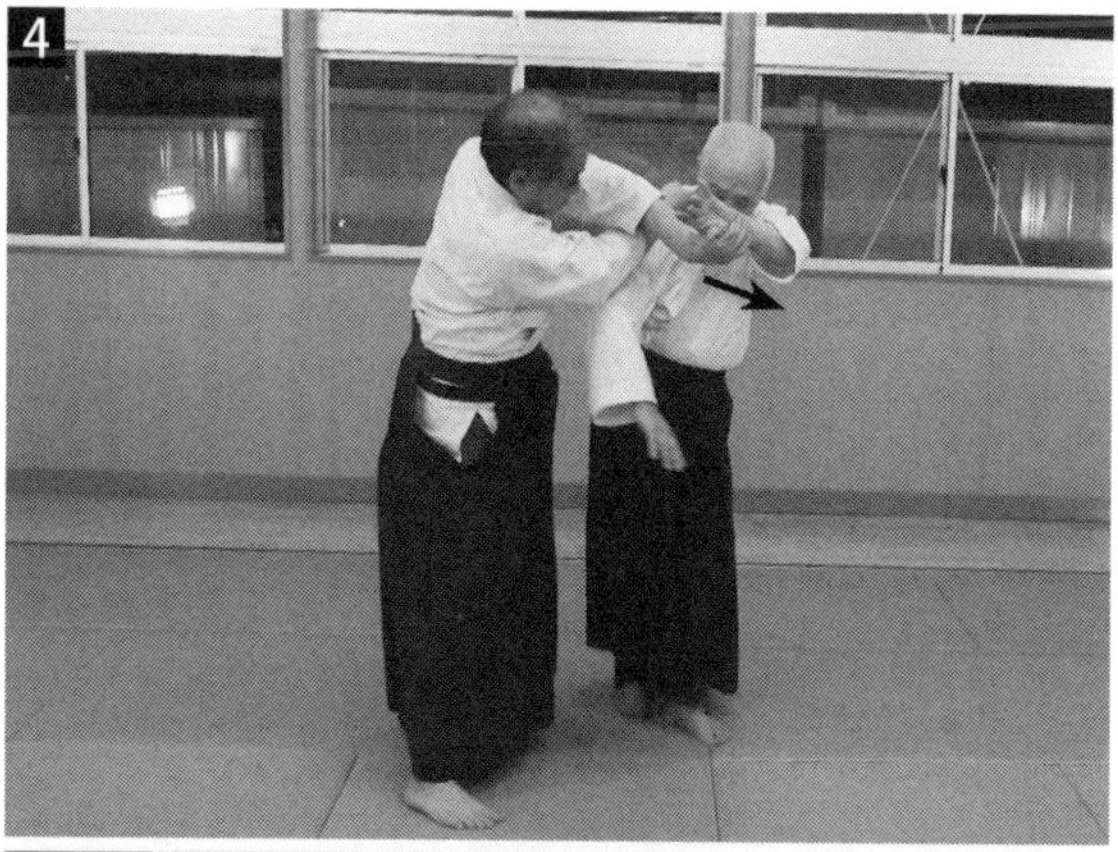
4

5

6

後捕　後襟片手取

片手合気上げ〜押し倒し

相手が背後から右手でこちらの後襟を、左手でこちらの左手を掴んできたところ、左手で後方への合気上げをしつつ左回りに１８０度体変更（写真２）。左足で相手右足を踏み押さえつつ、左手を相手顎に当てて押し倒す（写真３〜５）

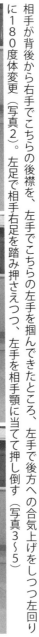

4

5

後捕　後襟片手取

くぐり体転～肘極め落とし

相手が背後から右手でこちらの後襟を、左手でこちらの左手を掴んできたところ、左手を合気上げ、左足を右斜め後ろへ下げながら左を向きつつ相手右腕をくぐり（写真2～3）、両手で相手右肘に上から圧を加え、下方へ極め落とす（写真4～6）。

1

2

3

4

5

6

第6章

合気投げ 技法編4
対打撃

本章では、対打撃の技法群をご紹介したいと思います。

「合気投げは、相手が掴んできた、その掴んできたところを利用する」と述べました。

ならば、対打撃では使えないのではないか、とお思いかもしれません。そもそも相手は掴んできていないのですから。逆にその打撃の手を掴もうと思っても、すぐ引かれてしまって、なかなか捕捉できるようなものではありません。そういう意味では、他派では、対打撃の合気投げというものはあまり考えられていないかもしれません。

対打撃で合気投げを行なう方法はいくつかあります。例えば、打ってきた手に〝絡める〟ようなアプローチをする方法です。これならば、ピンポイントに「打ってきた手首を掴む」といったような狙いと違って、腕全体を相手にする事ができ、さらにその攻撃手を利用する事ができます。

時宗伝は実戦性を旨とするところのものであり、そういう意味では対打撃の合気投げも緻密に追究されています。

分類は、以下の3種です。

(1) 正面打

(2) 横面打

(3) 中段突

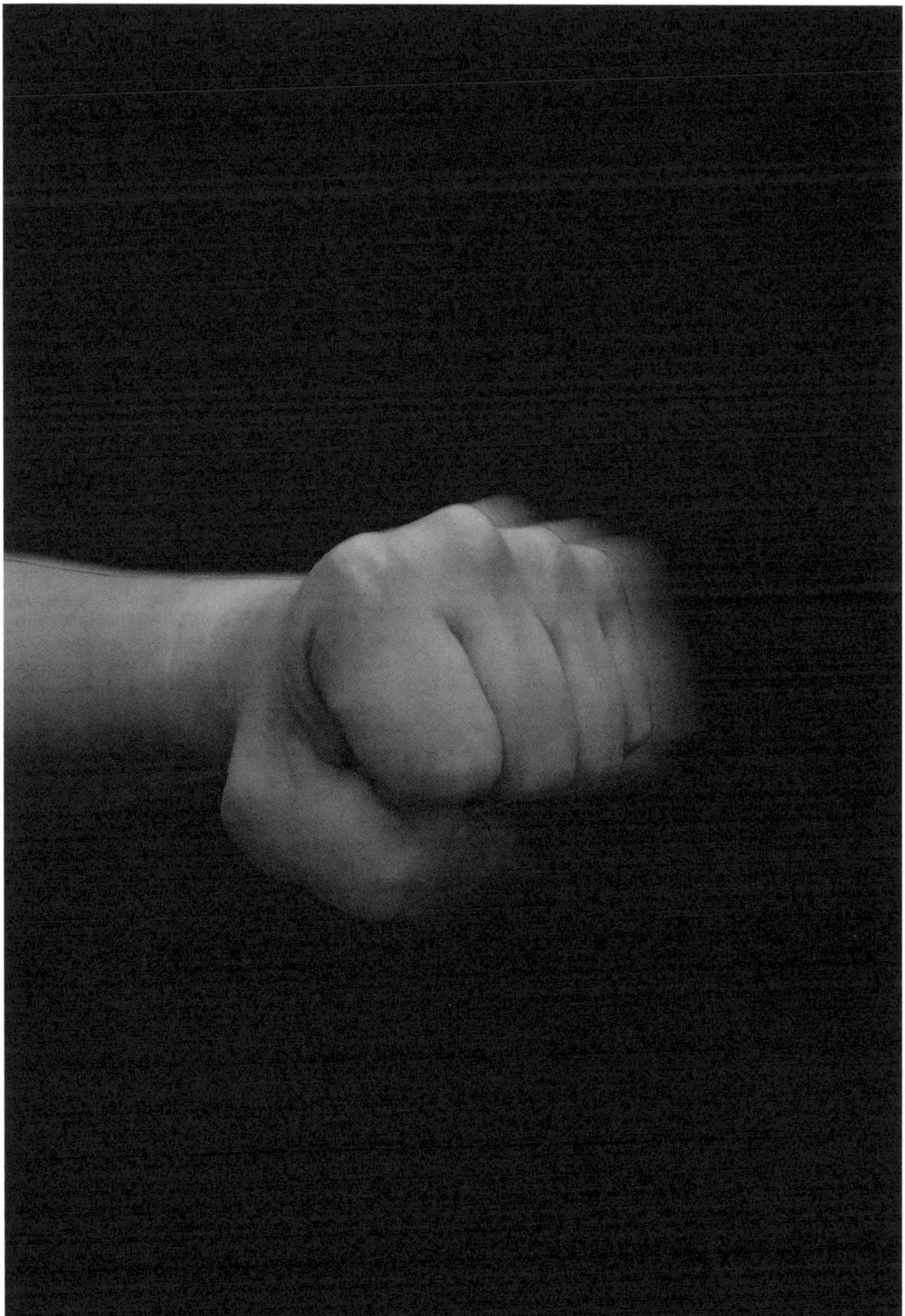

対打撃　正面打

絡め手～手刀顔面打ち倒し

相手が右手で正面打ちにきたところ、左にかわし、右手で相手の打ち手に絡み押さえる（写真2～4）。左足を相手右足の後ろに着き、左手刀で相手面を打って倒す（写真5～6）。

4

5

6

対打撃　正面打

絡め手～足切り落とし投げ

相手が右手で正面打ちにきたところ、右にかわし、左手で相手の打ち手に巻き絡み引き付ける（写真2～4）。左足を引きつつ、右手刀で相手右足を切り、投げる（写真5～6）。

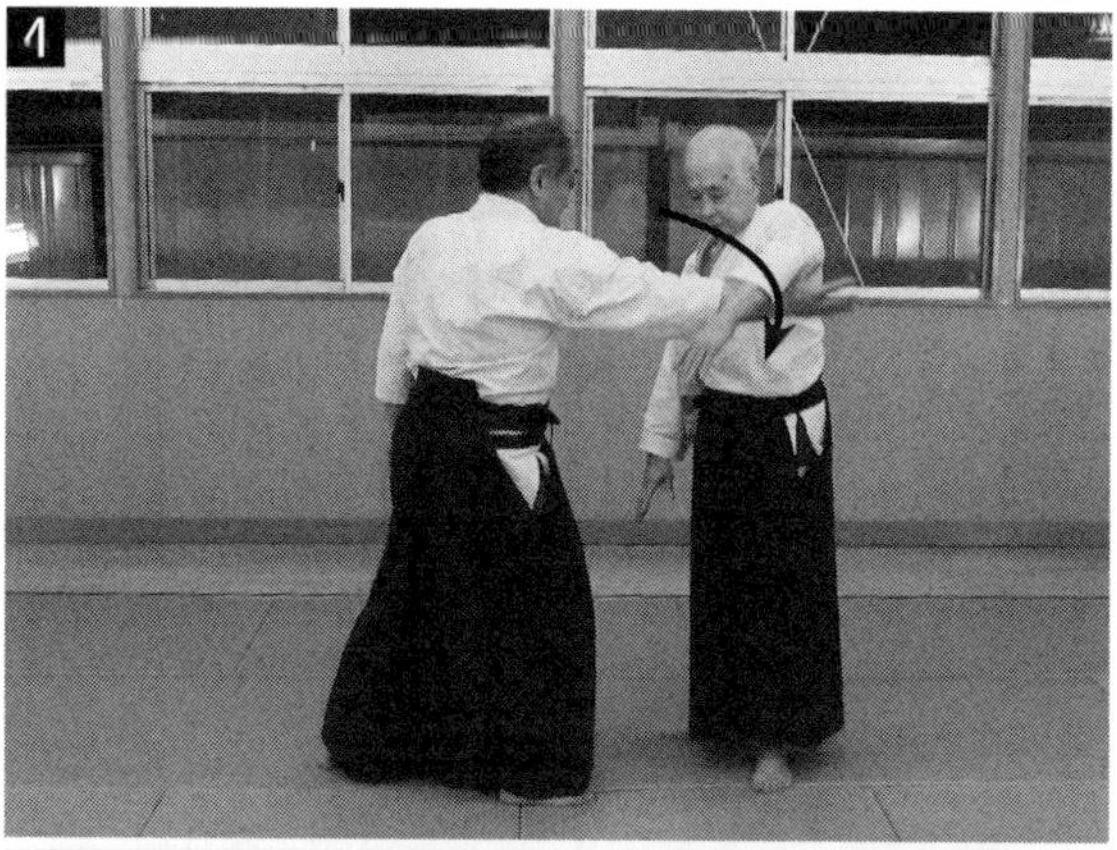
4

5

6

対打撃　正面打

絡め手～足切り回し投げ

相手が右手で正面打ちにきたところ、右にかわし、左手で相手の打ち手に絡み引き付けつつ、右足を左斜め前に踏み込んで体を左に回しつつ右手刀を相手右足へ（写真2～3）。相手右足を手刀で切りつつ、自分を軸とする左回り〝コマ回転〟の力を活かして振り投げる（写真4～5）。

4

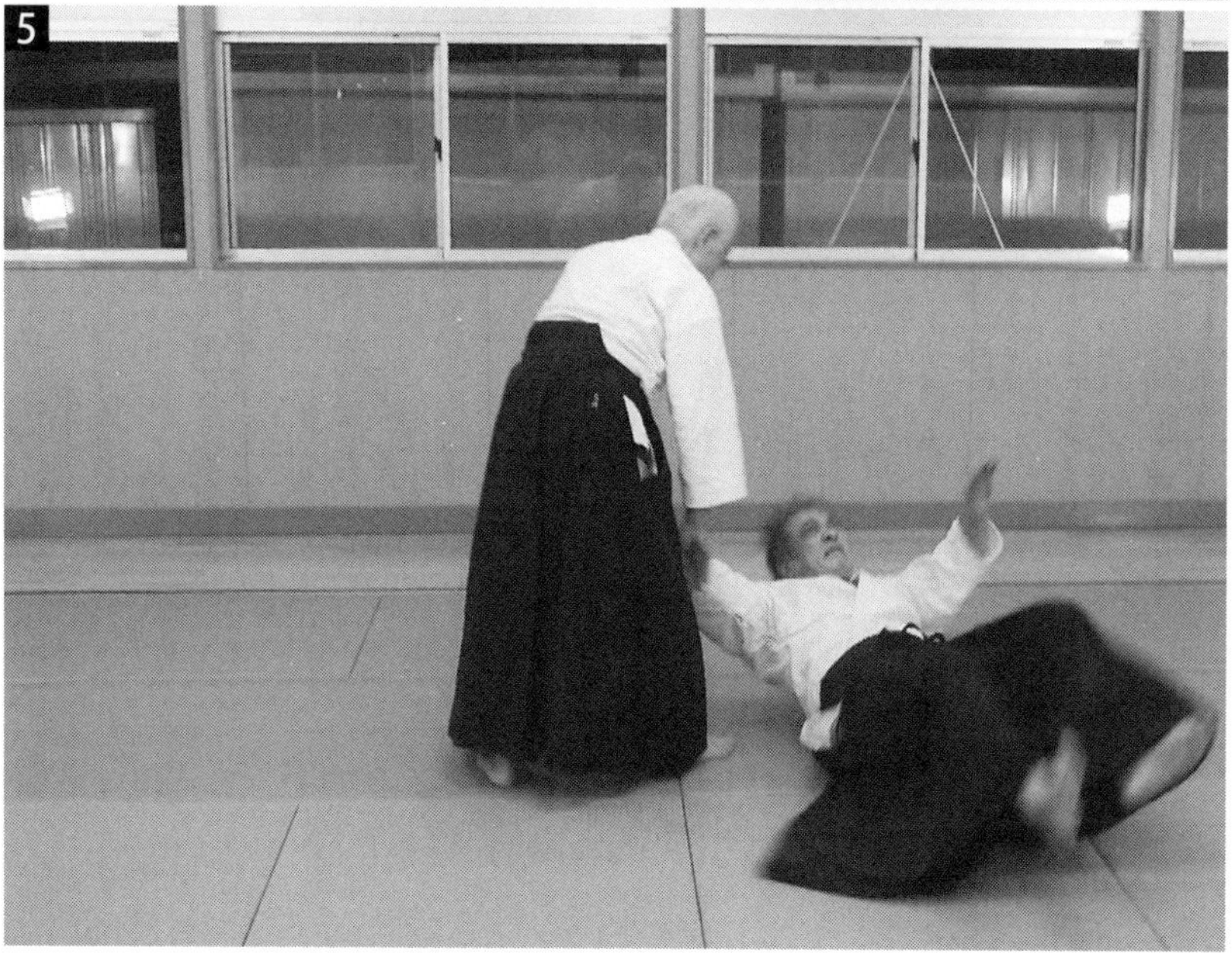
5

対打撃　横面打

絡め手～足切り回し投げ

相手が右手で横面打ちにきたところ、右にかわしつつ左手で相手の右手を絡み落とし引き付け（写真2～3）、右足を前方へ踏み出しつつ右肩を相手右肩に当て、右手で相手右腰を切って投げる（写真3～4）。

1

2

3

4

対打撃　横面打

かわし捌き～左「カイナ返し」

相手が右手で横面打ちにきたところ、頭を下げ左にかわし（写真2）、左掌で骨盤を打ち、同時に右手を相手左肩に伸ばし、左「カイナ返し」で倒す（写真3～5）。

1

2

3

4

5

対打撃　横面打

回し肘切り投げ

相手が右手で横面打ちにきたところ、右にかわしつつ左手で受け（写真2）、その手を絡め落としながら相手がさらに押してくる力に逆らわず、左足を〝コンパス〟様に引きながら180度体変更し、右手刀を相手肘裏に当てて前方へ投げる（写真3～4）。

3

4

対打撃　中段突

右絡め受け～左拳打ち倒し

相手が右手で中段突きにきたところ、左にかわしつつ（写真2）、右手で相手の右手を巻き絡み引きつける（写真3）。左足を相手の右足後ろに着き、左拳を相手顔面に振り当て、倒す（写真4～6）。

4

5

6

対打撃　中段突

右絡め受け〜入身首引き倒し

相手が右手で中段突きにきたところ、左にかわしつつ、突き手を右手で巻き絡む（写真2）。居着いた相手の後方へ入身して右手で相手首をとらえ、引き倒す（写真4〜6）。

1

2

3

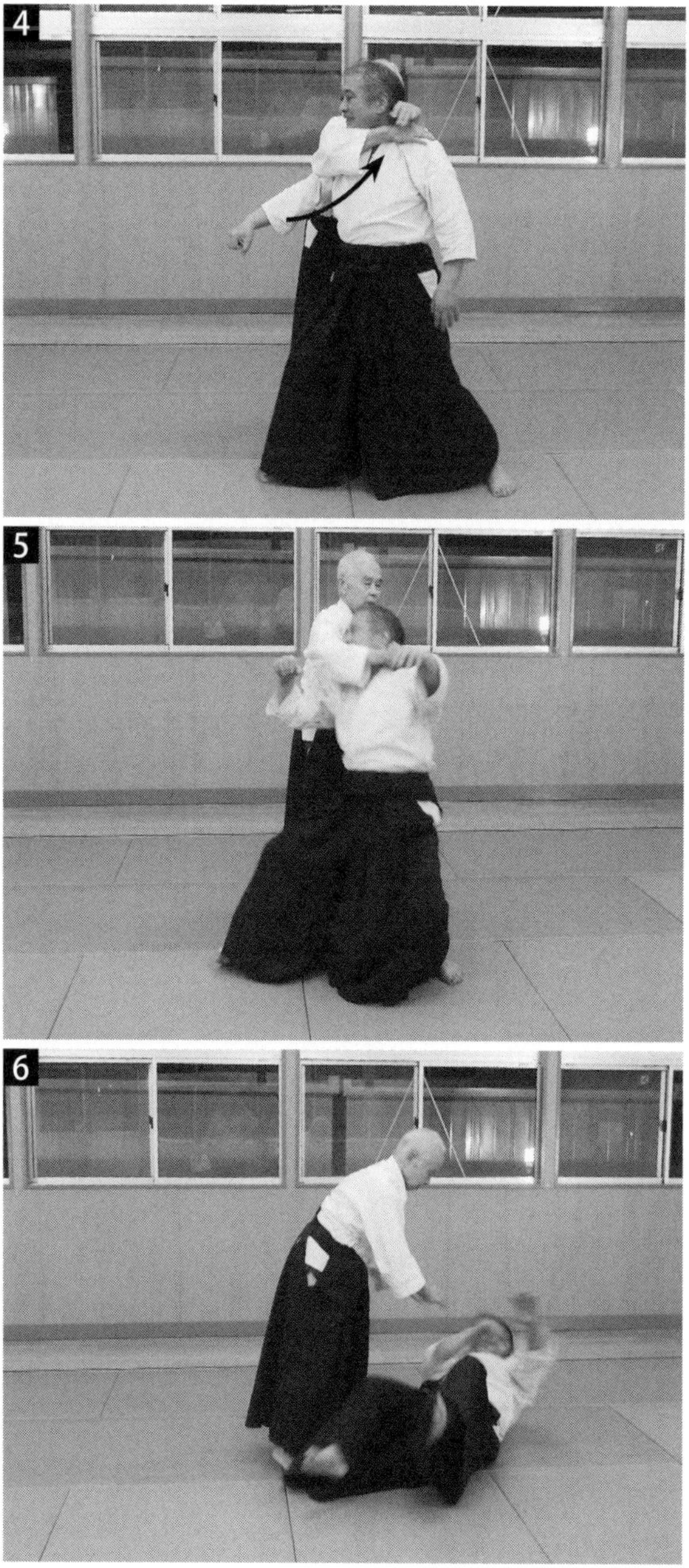
4
5
6

対打撃　中段突

左手刀受け〜入身「カイナ返し」骨盤打ち倒し

相手が右手で中段突きにきたところ、左にかわしつつ、突き手を左手刀で打ち落とし（写真2）。入身しつつ右手を相手左肩に伸ばし、左「カイナ返し」、同時に相手の骨盤を左掌で打って、後方へ倒す（写真3〜6）。

4

5

第7章

特殊な合気投げ

合気投げ 技法編5

本章では、技法編の締めくくりとして、少し特殊な合気投げをご紹介したいと思います。

それは、掴んで投げる合気投げと、触らず投げる合気上げです。

掴んで投げる、というと、合気投げの原則に反するようですが、あくまで便宜的にその形をとるだけであって、決して力によって投げる技ではありません。「内脈極」と「外脈極」と呼んでいるもので、これらは相手の手首を掴みます。すると、力ずくで掴んでいる訳ではないのですが、相手には激痛が走ります。これは相手がその場で力んで堪えようとすればするほど大きな痛みとなります。結果として、相手はこちらの誘導するように動かざるを得なくなります。

つまり、「内脈極」「外脈極」の目的は、相手に動いてもらうことです。こちらは力ずくでなど、何もしません。その意味では合気上げの原則に則っています。

もう一つの触らず投げる合気投げは、いわば究極形です。そもそも合気投げは力ずくで相手を動かすものでなく、こちらの力は要らないのですから、究極的には触れずとも成り立つのです。

いわゆる「気で動かす」という事を想像される方は多いと思いますが、人を触れずに動かす方法はそればかりではありません。

意識、タイミングを絶妙にはかって、現実的に、触れずに人を動かす。ここでご紹介するのはそういう技です。

外脈極め～投げ

相手が両手を掴んできたところ、合気上げ（写真2）。両肘を落とし（指先から肘までまっすぐに伸ばす）、両手を内から外に回して相手の手首表を掴み、外脈極め（写真4）。相手を誘導して自在に投げる（写真5～6）。

4

5

6

内脈極め〜投げ

相手が両手を掴んできたところ、両肘を落とし掌を手前に向け相手手首裏を掴み返し内脈極め（写真2〜3）。相手を誘導して自在に投げる（写真4〜6）。

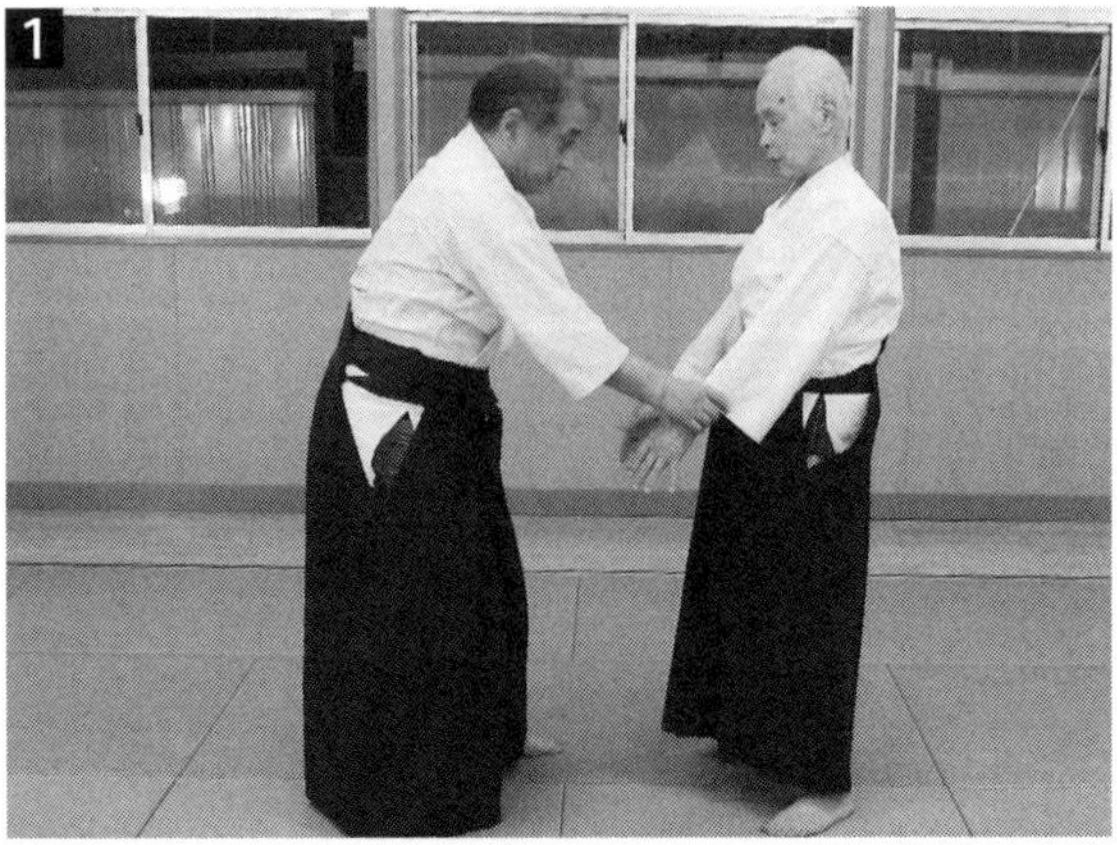

4

5

6

特殊な合気投げ　触らず投げる

引き投げ

相手が左手を掴みにきたら、動きを見極めてタイミングをはかり（写真1〜3）、まさに掴もうとするその瞬間に右足を引きながら左手を下して、相手を崩し投げる（写真4〜6）。

1

2
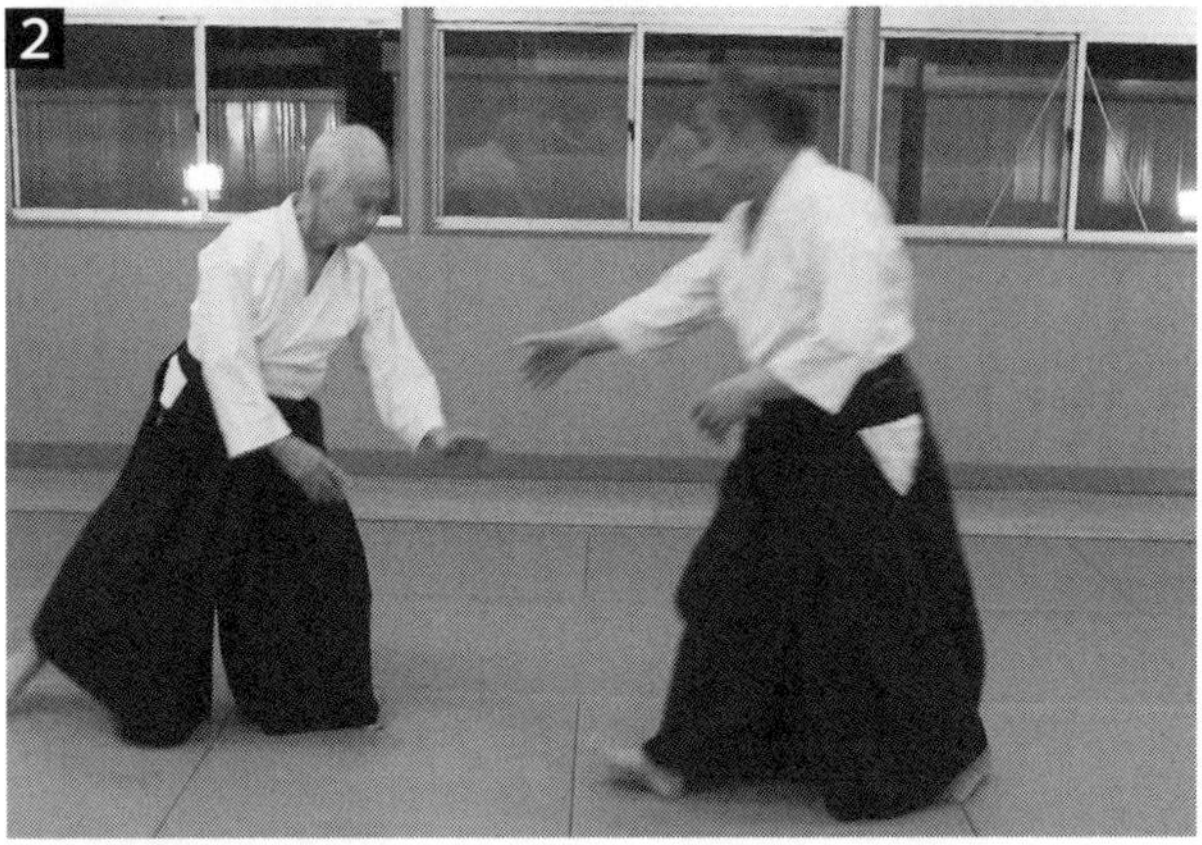

3

4

5

6

特殊な合気投げ　触らず投げる

〝やまめ釣り〟

やや離れた間合いから相手が左手を掴みにくる。掴みにきたら左手を徐に引いて掴ませず（写真1～2）、さらに左手を徐に上げ、相手の右手を誘導する（写真3）。誘導の末、手を引き下して相手をつんのめるように崩し投げる（写真4～6）。絶妙なタイミングが為せる技。

1

2

3

4

5

6

第8章

武田時宗師語録

1　人間完成の道

大東流合気武道は心を鍛錬して、人間完成への修練が究極の目的である。

大東流合気武道の技の修得は、一朝一夕で為し得るものでなく容易ではない。

それにまして人間完成の道は遠いのである。

私達が生きることは、その日その日が人間完成の道程であらねばならない。

2　合気柔術に先手なし。

3　合気柔術は無構にして変幻自在。

4　合気柔術の技は3千手。

5　気合

気合とは我が気合によって相手を呑み込んでしまう、発声を伴う気魄である。

心気力の一致に依って機先を制し、ヤア、エイ、トウ、ハ。イヨウの掛け声によって自己の勇気を増し反対に相手を威圧して、無抵抗、虚脱の状態となし相手を自由自在に扱うことが出来る。

6　合気

（1）合気は心に何の恐れもなく、邪念無く、構もなく、虚心平気の中に寸毫の隙も無く、常住坐臥、起歩来往の時、前後左右四方八方の敵に対し、道に合し、攻守変化自在の妙法を発揮できる。

（2）往々にして身体の一部を超人的に働かせるものと、考えている向きもあるが、頭、手、肩、肘、足、指にいたるまで身体が合気でなければならない。

即ち身体全体がすべての動きに合することである。

（3）合気はいつでも発するものでなく、機会、タイミングが重要である。

合気を体得するためには握力の強化が必要である。

7 抜き合気

相手に先手をとられたら、間髪を入れず相手の力を抜く。

8 慢心は禁物

古来、大家は何れも何十年間も、生死の間をさまよい、文字通り血のにじむ修業を経て、更に深刻な研究を積み、初めて道の心理を把握して大成したものである。

9 技の連絡変化

当流は技の連絡変化が非常に多い。

（1）相手が仕掛けた技を利用する。

（2）相手の技を外し又はかわして、相手の崩れた体勢を利用する。

（3）相手の技を、逆に返して取る。

10 当身

当流は当身が極めて重要な役割を持っている。

（1）当身は身体の急所（ツボ）に対して行う。

（2）手刀、拳、拳槌、裏拳、肘、貫（指）、膝、足刀、足底、踵をもって行う。

（3）蹴る場合にはヘソより上は蹴るな。

11

当流は武芸百般を集め徒手の体術にしたものであるが、その基本は剣から派生した柔術である。

また武田家々伝の柔術とともに、甲州流の一部が会津藩で採用された、お留流と称する殿中技が含まれている。

殿中では帯刀出来ないため、殿中で発生した騒動、乱心者に対処するために制定されたものである。

12 眼力

眼力をもって相手を射すくめる修業が必要である。

眼は、相手の眼を見ると敵の心を見抜き、その動作が判るのである。

当流では「天下一眼」と言っているが、これは「心眼」を意味している。

眼は単に身体の一部ではなく心の窓である。人の動き、地形、気象等、周囲のものを瞬時のうちに正確に把握、判断するのは「修業」を積んだ「心」によるものである。

13 間合

相手との間隔のことであるが、相手により、また地形などによって自ら間合いが異なってくるのである。

間合は自分を相手より有利な地位に置いて、主導力を握るので、非常に大きな意義がある。その間合いの判断と行動は簡単にできるものでなく、修練によってはじめてできるものである。

14 手刀を鍛錬せよ

合気柔術では手刀が重要な役割をするので、これが基本動作に伴っている。

手刀は五指を充分に伸ばし、小指の付根で打つのであるが、当流では腕の表及び裏、掌底、指先、腕全部を手刀として使うのである。従って手刀は充分に鍛錬の必要がある。

先ず五指を充分に伸ばし、各指頭に気力を入れ打突を練習する。

練習は右手の場合、左手を左腰に当て右手を上段から真ッ直ぐに正面を打つ。

また右手を右肩上にとり、斜め順打、この反対に左肩上から逆斜打、中段にとって打突、下段左右脇構から打ち上げる。左手の場合はこの反対に行う。

また両手を同時に使うことも大切である。これを拳に変えた場合も同一で、古来剣術の刀法である。

15 一本取応用（裏）

必ず入身して、敵から離れないよう出来るだけ密着すること。

16 武道ということ

武道の武、戈と止の二字が組み合わされている。

このことはとりも直さず平和の心である。

17 柔術の起源

そのはじめは古代に遡り「古事記」に力競べ記事が見える。当時はまだ柔術とか相撲の区別がなく勝負を競う事であった。

その後武家社会となり研究が進み、鎧組討ちの時代を経て柔術の時代を迎えるが、その名称は和術、やはら、体術、小具足、腹廻、組打、体道、拳法、手縛、白打等種々につづられあるいは分化し、あるいは合流し幾多の流派が生じた。

18 串投げを見て一層修業に励む

武者修行の途次、新潟の渡船場の茶屋にて。

茶屋のお婆さんが魚を焼いた串を抜いて、後ろに置いた籠へ後をふり向かずに、次々にキチンと並べて放り込むのを見て、自分の手裏剣はまだまだ問題にならないと感じ、改めて修業続けた。

19 熊本の城下で惣角が樹に手裏剣を投げていると、それを見ていた十七、八才の少年が、「手裏剣が樹に刺さるのは当たり前」と、天保銭を投げて樹に刺すのを見て、感心して三日ほど教えてもらったがうまくいかなかった。

少年は幼いころ坐骨神経症で歩けなかったため、退屈しのぎに銭を柱に投げて遊んでいた。

3年目でやっと木に刺さるようになり、七、八年目でようやく自在に刺さるようになったと聞いて、何事も修練第一と修練の大切なことを今更ながら痛感した。

＊後のこの少年を探すことがきっかけとなり、修験道の修業を始める。しかしついに見付けることが出来なかった。惣角は当時の事を幻覚ではなかったか？と思っている。

20 ウナギに降参

武者修行で大阪に訪れた時のこと。

ウナギ屋で料理人の親爺に「先生は武道の達人だ

そうですが、それほどの人ならウナギが掴めるでしょう」と言われ、ウナギを掴もうとしたが何度やっても逃げられてしまい、カブトを脱いだ。あとで掴むコツを教わったが、このウナギの掴み方から「合気」の抜手を研究した。

このように常に工夫、研究を怠らず武道に精進した。

21 合気術

大東流に合気の秘法がある。

人の生は気に依るもの、気を養うことである。呼吸法に依り臍下丹田に気を充実させ、気力集中をはかり精神統一。

不迷不怖の不動心を養い、無念無想の神気境地に到達せしめ、天地万物の気に合わせ、吉凶禍福を悟り、是に対処する身の軽重人心透視、未来予知の秘法に至る。

22 合気陰陽法

呼吸法

五指を握り静に入息するを陰。

五指を強く開き出息するを陽。

これ合気陰陽法である。頭脳明晰眼力鋭く心気力一致し大勇猛心を養い、特に両手十指それぞれの活用により人を自由自在に操り、更に神通力（超能力）迄も高める。

23 合気鍛錬法

二人相互にて合気陰陽法を行う。

相手我が手首を握る時、我丹田、腋下、指先に気を充実させ両手を開き、相手の腋下に向い押し上げるようにして、相手の体を崩して四方八方へ投げる。

呼吸法の鍛錬ゆえ無理な力を用いず相互に練習すること。片手も同断。

心気力増進、腕力増大すること妙なり。

24　合気投

無構（自然体）

攻撃する相手の気に合わせ、水の流れる如く淀みなく柔軟に相手の力を利用し、我が体の変化に依り相手の体を崩して、四方八方に投げる。二人、数人も同断。

合気投は合気柔術の応用技にて、無理なく体の変転敏速に相手の気に逆らわず、その気を奪い取る稽古。

25　惣角師の言葉

剣道は武道の母。槍等の打物、柔、拳法等の武芸全般に共通するものと、剣道修業の重要性を常に強調していた。

26　壁抜の術

昭和11年春　惣角、私（時宗）、佐川の三人で高野佐三郎先生にお会いするため、養子である高野茂義先生宅を訪問した。当時茂義先生は海外出張中であった。

応接間での懇談を終わり辞去の挨拶をし、高野先生がテーブルにあった生菓子を包んで「武田先生お持ちください」と差し出した。その間三秒、惣角が忽然と消えた。

奥の部屋や窓を調べたが形勢がない。高野先生が「武田先生は不思議な方だ」と一瞬三人とも呆然とした。三人が玄関に行くと惣角が表に立っていて挨拶をした。

以前従妹の斎藤サイに「昔より武田家に壁抜けの術という秘法があるから学べ」と忠告されていたが、私は壁抜けの秘法など信じなかった。

高野先生宅で私は初めて壁抜の秘法を知った。

27　合気

①合気とは気の集中、念力を最高とする。

②合気は水の如く常形なし、敵に依りて変化し、四方八方の敵に合し勝を制す。

③合気とは静の状態にて、相手の殺気、敵気等の気

を察し、心気力一致に依り気転を以って、相手の気に合し乍ら我が心の侭に取行ふ事。

28 合気の術

無構、静、無声、不動心。

精神統一し、精神集中し、更に無念無想に音無きに聞き、姿無きに見る。

心気力の一致に依り、気転を以って相手の気に合わせ乍ら、少しの間隙も許さず、一人に合二人に合多人数に合ふこと。

引かば押し押さば引き、呼べば答へ打てば響き、水の方円の器に従い臨機応変。

我が意の如く、自由自在に扱ふこと。気を読める（人の心理を掴むこと）。

29 気合の術

①気合の術

雙方の気を合すこと。

一方の心気力が、一方の心気力を呑合せる事。我精神気迫に依り、相手の精神気迫を制し、我が意の如く自由自在に扱うこと。

虚実一体、動静一致の法。

既に？機先を制する意である（動的状態）。

機、動、発声、迅速。

②「気合」は常に動的状態にて、我が気迫を常に充実、気力一致による気迫に相手の気を押包み、相手を萎縮させること。

30 呼吸法

人間の力は丹田による。臍の下の下の下腹部、これに力を入れて健康と勇気を得られる。

呼吸法は精神統一である。

吸う時は静に長く深く吸ひ（陰）。

吐く時は激しく強く吐く（陽）。

一　丹田、二　腋下、三　指先。

「陰陽呼吸法」

五指を開いて行う合気法を（陰）。

五指を握って行った合気法を（陽）。
合気陰陽法　阿吽の呼吸法。

31　密教は法力を身につける修業である。

超能力開発技法である。

32　修験道

仏教渡来以前の道教的思想で、不老不死の世界を追求する。

33　大東流合気秘伝

①合気法
　坐法　精力増大法、一点集中。
②立法
　合気法
③神通力法
以上三法とも具体的な詳細説明あり。

あとがき

当流の縁に触れてから既に半世紀も過ぎました。まさに「光陰矢の如し」です。この間に恩師時宗宗家から学んだ技法には、惣角師から受け継いだ技法が多数存在します。これらは基本型、合気投げ、裏技、返し技等の具体的な技と共に、効果的な技を遣うための、要領、コツ、注意、ポイントが口伝、秘伝として残されています。

技そのものについては、文章、映像等により多数残され再現も可能ですが、技の使い方については公開されていない技術が多数存在します。これらの技術は口伝、秘伝として人から人へ身体を通して伝えられてきたものです。これらの技術は現在私から次の世代へ伝えつつありますが、現代はスピードと変化の時代です。10年先がどのような世界になるのか、まったく想像がつきません。従って当会で修業された諸氏が今後、如何様な人生を送っていくかも不明です。そのため私がたまたま縁に触れて修得した技術も、失伝の恐れがあり本書の刊行を企画した次第です。また「合気投げ」については技数が多い割に、情報として残されているものが少ないため、今後斯道に志す修業者の方々の参考に資するため公開することとしました。

人と人が闘うため、実戦を目的として伝承されてきた武術は、１８６８年（慶応４年）武家政治の終焉とともに廃止されました。そのため諸武道はその一部が、軍隊や警察等で実戦を前提に活動が継続されていますが、大部分は我が国の文化遺産として保存されている状況です。

古武道は物としての実体がなく、人が関わることで伝承される文化遺産です。従って古武道は人、文章、映像、演武という形で保存されている訳です。

同様に柔術も古武道であり、定められた型を演ずるという方法で活動が続けられていますが、世間の活動実態は技法が形骸化して、実戦から離れて華麗なものとなり、武の心が失われてしまい、演武から演舞に変わってしまったように感ずる今日この頃です。

当会ではたとえ「ナンセンス」と言われようと、常に実戦を忘れない武道の修行を念頭に今後も活動を行っていくつもりです。

本書は（株）ＢＡＢジャパン、および同社原田伸幸氏に、多大のご尽力をいただいて生まれました。厚く御礼申し上げます。

２０２１年４月

大東流合気武道春風会　会長　石橋義久

著者
石橋義久（いしばし よしひさ）
1964年に大東流合気武道総本部大東館入門。武田時宗宗家より大東流合気武道、小野派一刀流の指導を受ける。1969年に東京葛飾支部を設立し、初代支部長に。大東流の指導と普及をする一方で、小野派一刀流宗家 笹森順造師に師事し、免許を受ける。
著書：
『武田惣角伝 大東流合気武道 百十八カ条』（BABジャパン）、DVD『極意！合気投げ』『一カ条を極める！』『「武術合気」の原理』（BABジャパン）
大東流合気武道 春風会（代表者：石橋義久）
〒270-0163 千葉県流山市南流山3-11-1-407 TEL 04-7158-5764

装幀：谷中英之
本文デザイン：中島啓子

相手の力を技にする！ 筋力を超えた武術革命
“合気投げ”全伝

2021年5月10日 初版第1刷発行

著　　者	石橋 義久
発 行 者	東口 敏郎
発 行 所	株式会社ＢＡＢジャパン
	〒151-0073 東京都渋谷区笹塚1-30-11 ４・５Ｆ
	TEL 03-3469-0135　FAX 03-3469-0162
	URL http://www.bab.co.jp/
	E-mail shop@bab.co.jp
	郵便振替 00140-7-116767
印刷・製本	中央精版印刷株式会社

ISBN978-4-8142-0391-8 C2075

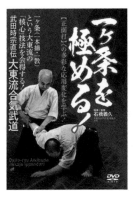

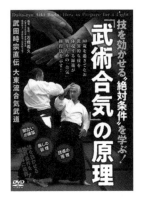

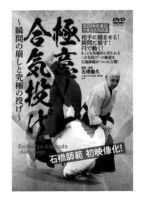